ओशो

संकलन : योग शुक्ला, सुरेंद्र सरस्वती
संपादनः नरेंद्र बोधिसत्व, आनंद सत्यार्थी
टाइपिंग : प्रेम राजेंद्र, देव साम्या
प्रूफ रीडिंगः ध्यान अनाम, शांति त्यौहार
संयोजनः योग अमित
आवरण-सज्जाः चैतन्य भारती

प्रकाशक
फ्यूजन बुक्स
X-30, ओखला इंडस्ट्रियल एरिया, फेज-II
नई दिल्ली-110020

फोन : 011-40712200
ई-मेल : sales@dpb.in
वेबसाइट : www.diamondbook.in

संस्करण : 2021

मुद्रक : रेप्रो (इंडिया)

Dhyan Ke Kamal

For more information: www.osho.com
A comprehensive multilingual website featuring
Osho's meditations
Books and tapes and an online tour of
Osho International Meditation Resort.

ध्यान के कमल

ध्यान के कमल

ध्यान में स्वयं के संकल्प के अभाव के अतिरिक्त और कोई बाधा नहीं है। यदि आप ध्यान में जाना ही चाहते हैं तो दुनिया की कोई भी शक्ति आपको ध्यान में जाने से नहीं रोक सकती है। इसलिए अगर ध्यान में जाने में बाधा पड़ती हो तो जानना कि आपके संकल्प में ही कमी है। शायद आप जाना ही नहीं चाहते हैं।....

दूसरी बात, ध्यान में अगर कोई कुतूहलवश जाना चाहता हो तो कभी नहीं जा सकेगा। सिर्फ कुतूहलवश—कि देखें क्या होता है? इतनी बचकानी इच्छा से कभी कोई ध्यान में नहीं जा सकेगा। न, जिसे ऐसा लगा हो कि बिना ध्यान के मेरा जीवन व्यर्थ गया है। 'देखें, ध्यान में क्या होता है?' ऐसा नहीं; बिना ध्यान के मैंने देख लिया कि कुछ भी नहीं होता है और अब मुझे ध्यान में जाना ही है, ध्यान के अतिरिक्त अब मेरे पास कोई विकल्प नहीं है—ऐसे निर्णय के साथ ही अगर जाएंगे तो जा सकेंगे। क्योंकि ध्यान बड़ी छलांग है। उसमें पूरी शक्ति लगा कर ही कूदना पड़ता है।

कुतूहल में पूरी शक्ति की कोई जरूरत नहीं होती। कुतूहल तो ऐसा है कि पड़ोसी के दरवाजे के पास कान लगा कर सुन लिया कि क्या बातचीत चल रही है; अपने रास्ते चले गए। किसी की खिड़की में जरा झांक कर देख लिया कि भीतर क्या हो रहा है; अपने रास्ते चले गए। वह कोई आपके जीवन की धारा नहीं है। उस पर आपका कोई जीवन टिकने वाला नहीं है।

लेकिन हम कुतूहलवश बहुत सी बातें कर लेते हैं। ध्यान कुतूहल नहीं है। तो अकेली क्युरिआसिटी अगर है तो काम नहीं होगा। इंक्वायरी चाहिए।

तो मैं आपसे कहना चाहूंगा कि आप बिना ध्यान के तो जीकर देख लिए हैं—कोई तीस साल, कोई चालीस साल, कोई सत्तर साल। क्या अब भी बिना ध्यान में ही जीने की आकांक्षा शेष है? क्या पा लिया है?

तो लौट कर अपने जीवन को एक बार देख लें कि बिना ध्यान के कुछ पाया तो नहीं है। धन पा लिया होगा, यश पा लिया होगा। फिर भी भीतर सब रिक्त और खाली

है। कुछ पाया नहीं है। हाथ अभी भी खाली हैं। और जिन्होंने भी जाना है, वे कहते हैं कि ध्यान के अतिरिक्त वह मणि मिलती नहीं, वह रतन मिलता नहीं, जिसे पाने पर लगता है कि अब पाने की और कोई जरूरत न रही, सब पा लिया।

तो ध्यान को कुतूहल नहीं, मुमुक्षा—बहुत गहरी प्यास, अभीप्सा अगर बनाएंगे, तो ही प्रवेश कर पाएंगे।....

ध्यान मनुष्य की आत्यंतिक संभावना है, आखिरी संभावना है। वह जो मनुष्य का बीज फूल बनता है, वही फूल है ध्यान, जहां मनुष्य खिलता है, उसकी पंखुड़ियां खुलती हैं और उसकी सुगंध परमात्मा के चरणों में समर्पित होती है। ध्यान आखिरी संभावना है मनुष्य के चित्त की। उसे तो होकर ही जाना जा सकेगा। कोई बीज फूल के संबंध में कितनी ही खबर सुन ले, तो भी फूल को नहीं जान पाएगा, जब तक कि टूटे नहीं और फूल न बन जाए। और फूल के संबंध में सुनी गई खबरों में फूल की सुगंध नहीं हो सकती है। और फूल के संबंध में सुनी गई खबरों में फूल का खिलना और वह आनंद, वह एक्सटैसी, वह समाधि नहीं हो सकती है। बीज कितनी ही खबरें सुने फूलों के बाबत, बीज को कुछ भी पता न चलेगा, जब तक स्वयं न टूटे, अंकुरित न हो, बड़ा न हो, आकाश में पत्तों को न फैलाए, सूरज की किरणों को न पीए और खिलने की तरफ स्वयं न बढ़े।

ओशो

अनुक्रम

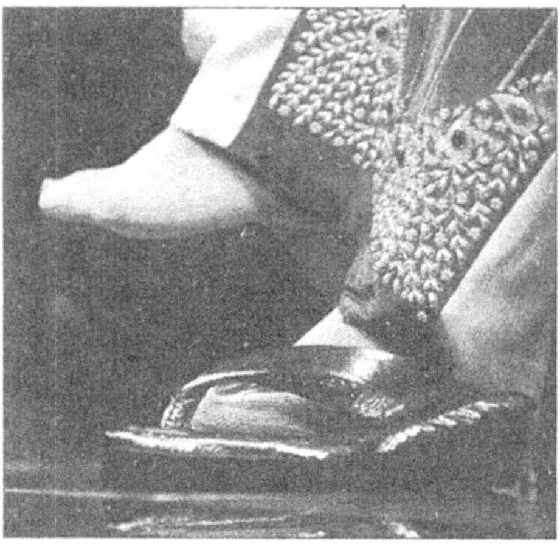

प्रवचन 1

ध्यान : एक बड़ा दुस्साहस

प्रश्नः सांझ आप कहते हैं कि इंद्रियों की पकड़ में जो नहीं आता वही अविनाशी है। और सुबह कहते हैं कि चारों तरफ वही है; उसका स्पर्श करें, उसे सुनें। क्या इन दोनों बातों में विरोध, कंट्राडिक्शन नहीं है?

इंद्रियों की पकड़ में जो नहीं आता वही अविनाशी है। और जब मैं कहता हूं सुबह आपसे कि उसका स्पर्श करें, तो मेरा अर्थ यह नहीं है कि इंद्रियों से स्पर्श करें। इंद्रियों से तो जिसका स्पर्श होगा वह विनाशी ही होगा। लेकिन एक और भी गहरा स्पर्श है जो इंद्रियों से नहीं होता, अंतःकरण से होता है। और जब मैं कहता हूं, उसे सुनें, या मैं कहता हूं, उसे देखें, तो वह देखना और सुनना इंद्रियों की बात नहीं है। ऐसा भी सुनना है जो इंद्रियों के बिना भीतर ही होता है। और ऐसा भी देखना है जो आंखों के बिना भीतर ही होता है। उस भीतर सुनने-देखने और स्पर्श करने की ही बात है। और यदि उसका अनुभव शुरू हो जाए, तो फिर वह जो विनाशी दिखाई पड़ता है चारों ओर, उसके भीतर भी अविनाशी का सूत्र अनुभव में आने लगता है।

विरोध जरा भी नहीं है। दिखाई पड़ता है। और दिखाई पड़ेगा। धर्म की सारी भाषा ही कंट्राडिक्ट्री, विरोधों से भरी हुई है। उसका कारण है। क्योंकि हमें जिस भाषा का उपयोग करना पड़ता है, वह भाषा उसके लिए बनाई नहीं गई है जिसके लिए हमें उसका उपयोग करना पड़ता है।

'स्पर्श' तो बनाया गया है इंद्रिय के अनुभव के लिए; लेकिन इसका उपयोग करना पड़ता है अतींद्रिय अनुभव के लिए भी। 'दर्शन' तो बनाया गया है आंख के उपयोग के लिए; लेकिन जब हम कहते हैं 'प्रभु-दर्शन', तो आंख का कोई लेना-देना नहीं है। जो भी हमारे पास शब्द हैं, जो भी भाषा है, वह सब इंद्रिय के लिए है। और जिस समाधि

की ओर हम कदम रखना चाहते हैं वह अतींद्रिय है। भाषा इंद्रियों की है, अनुभव अतींद्रिय का है। निश्चित ही विरोध मालूम पड़ेंगे। जिस भाषा में हम कह रहे हैं, वह भाषा ही उसके लिए नहीं है, जिसे कहना चाहते हैं।

लेकिन अगर इतना समझ में आ जाए, तो फिर खयाल रखें कि भाषा केवल इशारा है। इशारे को अगर बहुत जोर से पकड़ लेंगे, तो गड़बड़ हो जाएगी। इशारा छोड़ देने के लिए है। चांद की तरफ मैंने अंगुली उठाई और कहा कि यह चांद है। आप चाहें तो मेरी अंगुली पकड़ सकते हैं और कह सकते हैं कि चांद यहां कहां है? मेरी अंगुली में चांद नहीं है। अंगुली का चांद से कुछ लेना-देना भी नहीं है। अंगुली और चांद के बीच किसी तरह का कोई संबंध भी नहीं है। फिर भी अगर मेरी अंगुली को छोड़ कर आपकी आंखें चांद की तरफ उठ जाएं, तो अंगुली चांद को बता सकती है। लेकिन अगर आप अंगुली को ही जोर से पकड़ लें और कहने लगें कि इसी अंगुली को बता कर तो कहा था कि चांद है। कहां है चांद? तो अड़चन होगी, तो कठिनाई होगी।

शब्द निःशब्द की ओर इशारा बन सकते हैं। वाणी मौन की तरफ इशारा बन सकती है। लेकिन अगर वाणी को पकड़ा, तो मौन की कोई खबर न मिलेगी। और अगर शब्द को पकड़ा, तो निःशब्द की तरफ आंख न उठेगी।

कहता हूं: स्पर्श। और फिर भी प्रयोजन नहीं है स्पर्श से। कहता हूं: सुनें। फिर भी सुनने को वहां कोई शब्द नहीं है। कहता हूं: देखें। फिर भी आंखों का वहां कोई उपयोग नहीं है। इशारे को समझें और यात्रा पर निकल जाएं।

एक दूसरे मित्र ने पूछा है कि पुराने संन्यास और नव-संन्यास में क्या फर्क है?

थोड़े से फर्क हैं। वह फर्क भी संन्यास का फर्क नहीं है, पुराने और नये का ही फर्क है। संन्यास का तो क्या फर्क हो सकता है! संन्यास तो कभी भी घटित होगा, वही होगा। समय संन्यास में कोई फर्क नहीं ला सकता। दस हजार साल पहले अगर कोई संन्यासी हुआ होगा और आज कोई संन्यासी होगा, तो संन्यास में तो कोई फर्क नहीं हो सकता; लेकिन रूप, आवरण, आकृति में फर्क हो सकता है। होना ही चाहिए।

पुराना संन्यास कुछ आधारशिलाओं पर खड़ा था। वे आधारशिलाएं समाज से कभी की गिर गईं। लेकिन पुराना संन्यास अभी भी उन्हीं पर खड़े रहने की कोशिश कर रहा है। इससे पुराना संन्यास धीरे-धीरे अवरुद्ध होता चला गया। उसकी धारा क्षीण हो गई। जीवन का बहुत बड़ा व्यापक समूह उसमें सम्मिलित नहीं हो पाया।

अब जैसे, पांच हजार साल पहले, अगर बेटा संन्यास लेना चाहता हो, तो बाप की प्रसन्नता का कोई अंत न होता। क्योंकि इससे बड़ी कोई घटना नहीं घट सकती थी कि बेटा संन्यासी हो जाए। बाप की प्रार्थना यही हो सकती थी कि बेटा संन्यासी हो जाए। तो उस दिन घर को छोड़ कर जाना, जरा भी कठिनाई न थी। पत्नी आनंदित होती कि उसका

पति संन्यासी हुआ। क्यों? क्योंकि सारी संस्कृति, सारे समाज के सोचने का ढंग मोक्षोन्मुख था। मोक्ष ही अंतिम फल था जीवन का। वहीं पहुंच जाना है सभी को।

जिस दिन समाज को हमने इस भांति तैयार किया था कि मोक्ष अंतिम मंजिल थी, उस दिन पत्नी भी चाहती थी कि पति मोक्ष पहुंच जाए। पति भी चाहता था कि पत्नी मोक्ष पहुंच जाए। और जब भी कोई कदम रखता तो सारा समाज, परिवार सहयोगी होता। वही हमारी प्रार्थना थी। बेटा पैदा होता, उसके पहले भी मां की प्रार्थना यही थी कि वह संन्यासी हो जाए।

वह वक्त गया। समाज का सारा ढांचा बदल गया। आज अगर पति शराबी हो जाए तो चल सकता है; संन्यासी हो जाए तो नहीं चल सकता। बेटा चोर हो जाए, बाप बरदाश्त कर सकता है; लेकिन बेटा संन्यासी होने की बात करे तो बाप बरदाश्त नहीं कर सकता। मोक्ष केंद्र से हट गया। धन केंद्र पर है, धर्म केंद्र पर नहीं है अब।

तो आज भी अगर हम चाहते हैं कि घर छोड़ कर जाने वाला संन्यास ही हमें स्थापित रखना है, तो इस दुनिया में रोज संन्यासी कम होते जाएंगे और आप शीघ्र पाएंगे कि संन्यासी खो गए। वे नहीं बच सकते।

एक नये संन्यास को जन्म देना पड़ेगा, जो घर के भीतर फलित हो सके—जहां आप हैं, वहीं। पति हैं, तो पति रहते हुए। पिता हैं, तो पिता रहते हुए। बेटे हैं, तो बेटा रहते हुए। वह आपका जो बाहर का जगत है, उसे छुए बिना, वह जैसा है उसे वैसा ही स्वीकार करके आपके भीतर क्रांति घटित हो, तो हम इस जगत में विराट पैमाने पर संन्यासियों का आंदोलन चला सकते हैं। अन्यथा संन्यास करीब-करीब मृतप्राय है।

इसका दूसरा परिणाम यह होता है, उस जमाने में, आज से पांच हजार साल पहले, जो हमारे बीच क्रीम थे, प्रतिभा के धनी थे, वे लोग संन्यासी होते थे। स्वभावतः, क्योंकि संन्यास से श्रेष्ठ कुछ भी नहीं था। तो जो हमारे बीच श्रेष्ठतम प्रतिभा के लोग होते थे, वे संन्यासी होते थे।

आज धन से श्रेष्ठ कुछ भी नहीं है। तो हमारे बीच जो श्रेष्ठतम प्रतिभा के लोग हैं, वे धन कमाने में, यश कमाने में लग जाते हैं। और संन्यास की तरफ जाने वाला जो वर्ग है, वह एकदम प्रतिभाहीन वर्ग होता है। और ध्यान रखें, जिस दिशा में भी प्रतिभाहीन लोगों की संख्या बढ़ जाएगी और प्रतिभावान लोगों की संख्या कम हो जाएगी, वह दिशा बहुत जल्दी...

प्रतिभा को संन्यास से जोड़ना हो तो संन्यास को ऐसा रूप देना पड़ेगा कि प्रतिभाशाली उससे जुड़ सके। क्यों? छोड़ने की जो भाषा है वह आउट ऑफ डेट हो गई है, वह समय के बाहर पड़ गई है। छोड़ने की भाषा ही समय के बाहर पड़ गई है। युग-युग की भाषा होती है। अगर आज भी हम छोड़ने की भाषा में बोले चले जाएं तो वह किसी की समझ में नहीं पड़ने वाला है। वह भाषा हमें बदल देनी पड़ेगी। अब तो हमें संन्यास को भी उपलब्धि की भाषा में, पाने की भाषा में रखना होगा।

पुराना संन्यास कहता था: संसार छोड़ना संन्यास है। मैं कहता हूं: परमात्मा को पाना संन्यास है। वह जो निगेटिव खयाल था छोड़ने का—यह छोड़ो, यह छोड़ो, यह छोड़ो—वह आज कारगर नहीं है। न होने का कारण है। जब लोग बहुत संतुष्ट होते हैं तो पाने की भाषा काम नहीं करती; उनके पास जो है वह काफी है। जब लोग बहुत संतुष्ट होते हैं तो पाने की भाषा काम नहीं करती। जब लोग बहुत असंतुष्ट होते हैं तब छोड़ने की भाषा काम नहीं करती। वैसे ही इतने परेशान हैं, अब और छोड़ने की बात आप उनसे करिए? प्रत्येक आदमी को लग रहा है, मेरे पास कुछ है ही नहीं। अब उससे आप छोड़ने की बात करिए?

वक्त था पांच-दस हजार साल पहले, प्रत्येक को लगता था, उसके पास सब कुछ है। जिसके पास सब कुछ है, वह छोड़ने में आनंद ले सकता है।

हम सब ऐसे दीन-हीन हैं, हमारे पास ज्यादा है उस समय से, लेकिन हमारी वृत्ति आज ऐसी है कि हमारे पास कुछ भी नहीं है। अब यह 'कुछ भी नहीं है' जिसको लग रहा हो उससे कहिए—छोड़िए! वह कहेगा, क्या छोड़ूं? मेरे पास अभी कुछ है ही नहीं।

युग के साथ भाषा बदल देनी पड़ती है। पुराना संन्यास निगेटिव लैंग्वेज, निषेध की भाषा बोलता था। नया संन्यास पाजिटिविटी, विधायक भाषा बोलेगा—पाने की बात। और मजा यह है कि संसार को कोई छोड़ सके तो भी परमात्मा को पा लेता है और कोई परमात्मा को पाने में लग जाए तो भी संसार छूट जाता है। ये एक ही सिक्के के दो पहलू हैं। असल में, परमात्मा को पाने में जो लगा, उसका संसार अपने आप छूटना शुरू हो जाता है। लेकिन इस छूटने को, बाहर से छोड़ने की कोई जरूरत नहीं; यह भीतर से छूट जाए, काफी है।

नया संन्यास, आप जहां हैं, आपकी परिस्थिति को वैसा ही स्वीकार करता है। मनःस्थिति को बदलना चाहता है, परिस्थिति को नहीं। यद्यपि मनःस्थिति के बदलते ही परिस्थिति दूसरी होनी शुरू हो जाती है। क्योंकि सब परिस्थिति हमारी व्याख्या है, इंटरप्रिटेशन है।

तो मैं आपसे कहता हूं, संसार को छोड़ना नहीं है, संसार को अभिनय मात्र बना लेना है। पिता हैं, अभिनय किए चले जाएं। और ध्यान रहे, अभिनय करने में जितने आप कुशल हो सकते हैं, उतने कर्ता होने में कभी भी कुशल नहीं हो सकते। पिता होने को बहुत गंभीरता से न लें, खेल समझें। पति होने को बहुत गंभीरता से न लें, खेल समझें। एक नाटक का हिस्सा समझें। और मजे से पूरा करें। अगर आपको संसार नाटक हो जाए, तो आप संन्यास की तरफ चल पड़े।

वह जो पुराना संन्यास था, उस दिन हम संन्यासी को सिर पर ले लेते थे। क्योंकि सारा समाज मानता था कि हम नहीं हो सके तो कोई बात नहीं, एक भी अगर हमारे बीच फूल खिल सका है, तो हम उसे सिर पर ले लेते थे। सम्राट भी संन्यासी के पैर में गिर जाता था।

आज संन्यासी को फिक्र करनी पड़ती है कि फलां मिनिस्टर उससे मिलने आ जाए, अखबार में नाम छप जाए, तो बहुत अच्छा। आज कोई संन्यासी के पास जाता हुआ मालूम नहीं पड़ता। हां, हारे हुए लोग जाते हैं। कोई मिनिस्टर हार जाए इलेक्शन में तो संन्यासियों की शरण में जाता है, जीता हुआ कोई भी नहीं जाता। जैसे ही कोई पदों से च्युत होता है, वैसे ही धर्म-भावना पैदा होनी शुरू हो जाती है। नहीं तो नहीं पैदा होती।

लेकिन वह वक्त और था। सम्राट भी पैर छूता था भिखारी के।

मैंने सुना है कि बुद्ध का एक गांव में आगमन हुआ। उस गांव के सम्राट ने अपने वजीर से पूछा कि क्या मुझे जाना पड़ेगा बुद्ध के स्वागत के लिए?

वजीर ने गौर से अपने सम्राट को देखा और कहा, मेरा इस्तीफा स्वीकार कर लें!

सम्राट ने कहा कि भई ऐसी कौन सी बात हो गई?

उस बूढ़े वजीर ने कहा, जब सम्राट पूछने लगे कि बुद्ध का स्वागत करने क्या मुझे जाना पड़ेगा? तो वह जगह रहने योग्य न रही। मैं यह छोड़ देता हूं जगह।

सम्राट ने कहा, ऐसा मत करो! मैं तो सिर्फ तुमसे सलाह लेता हूं बुजुर्ग आदमी की तरह। और मैंने तो इसलिए पूछा कि क्या यह उचित होगा कि एक भिखारी का स्वागत करने एक सम्राट जाए, भिक्षा-पात्र लिए आदमी का!

उस वजीर ने कहा, साम्राज्य उस आदमी के पास भी था, वह उसे छोड़ सका है। साम्राज्य आपके पास भी है, अभी आप उसे पकड़े हुए हो। वह रास्ते का भिखारी दिखाई पड़ता है, लेकिन सम्राटों का सम्राट है। क्योंकि साम्राज्य को छोड़ सका है। तुम सम्राट दिखाई पड़ते हो, लेकिन भिखारियों में भिखारी हो। क्योंकि अभी इतने जोर से पकड़े हुए हो। उसका स्वागत करने जाना ही पड़ेगा!

यह वक्त और था। तब छोड़ कर आदमी इतना धनी हो जाता था जिसका हिसाब नहीं। सड़क का भिखारी होकर सम्राट हो जाता था। वे दिन और थे। निषेध की भाषा काम करती थी। छूट कर इतना मिलता था जिसका हिसाब नहीं। आज मिल कर भी उतना नहीं मिलता है। तो भाषा बदलनी पड़ती है। तो मैं उपलब्धि की भाषा बोलता हूं। और कहता हूं, कुछ छोड़ना मत। जहां हैं वहीं रह कर, जो भी चारों तरफ हो रहा है, उसे नाटक भर समझ लेना और करते चले जाना। नाटक समझते ही भीतर से कुछ धागा टूट जाएगा, सेतु टूट जाएगा, ब्रिज गिर जाएगा। जो जोड़ता था मोह, जोड़ती थी आसक्ति, वह विदा हो जाएगी।

और आज समाज संन्यासी को खिलाने के लिए राजी नहीं होगा। क्योंकि वह तो तब खिलाने-पिलाने के लिए राजी था, जब सोचता था कि संन्यास जीवन का फूल है।

अभी थाईलैंड की सरकार ने नियम बनाया है कि कोई भी व्यक्ति बिना सरकारी आज्ञा के संन्यास नहीं ले सकेगा।

अब जिस दिन सरकारी आज्ञा लेनी पड़ती हो संन्यास के लिए, उस दिन संन्यास का क्या मतलब होगा? वह कोई ड्राइविंग लाइसेंस है कि संन्यास का लाइसेंस लेना पड़े!

लेकिन मजबूरी है, वक्त की मजबूरी है। थाईलैंड की आबादी है चार करोड़ और बीस लाख संन्यासी हैं। वह बीस लाख संन्यासियों को चार करोड़ की आबादी अब पालने को राजी नहीं है। मुश्किल भी है। चार करोड़ की आबादी में बीस लाख संन्यासियों को कैसे पाला जा सकता है? कठिन है।

रूस में संन्यासी खो गया। जहां-जहां समाजवाद आएगा, वहां-वहां संन्यासी खो जाएगा। क्योंकि संन्यासी शोषक मालूम पड़ेगा। संन्यासी कभी जीवन की परम उपलब्धि था, आज वह एक्सप्लाइटर मालूम पड़ेगा, शोषक मालूम पड़ेगा, कि मुफ्तखोर है। अगर संन्यास को बचाना है, तो संन्यासी की रूप-रेखा बदलनी पड़ेगी। संन्यासी को श्रम करना पड़ेगा, तो ही बच सकता है भविष्य में। वह अब दूसरे पर निर्भर नहीं हो सकेगा। एक रोटी मांगनी भी अब जहालत है।

वे दिन और थे। संन्यासी को भिक्षा तो देनी ही पड़ती थी, साथ में संन्यासी का धन्यवाद भी करते थे लोग कि तुमने भिक्षा स्वीकार की। दक्षिणा का वही अर्थ है— भिक्षा के बाद दिया गया धन्यवाद। आपने भिक्षा स्वीकार की, यह अनुग्रह है आपका।

आज भिक्षा देने को ही कोई राजी नहीं है। भिक्षा देने के बाद अनुग्रह संन्यासी को ही स्वीकार करना पड़ेगा कि बड़ी कृपा है आपकी कि दो रोटी मुझे दीं।

वे दिन बहुत अदभुत रहे होंगे। कैसे लोग थे! भिक्षा देंगे, पैर छुएंगे, फिर दक्षिणा देंगे धन्यवाद की कि आप आए। आप इनकार भी कर सकते थे।

आज हम पूछते हैं कि यह संन्यासी जो खा रहा है, इसके बदले में क्या दे रहा है?

तो आज पुराना संन्यास टिक नहीं सकता। आप उसे थोड़े-बहुत दिन खींच लें। वह मर गया, वह बच नहीं सकता। क्योंकि समाज का पूरा रुख और है। अब तो वही संन्यासी बचेगा जो श्रम कर रहा होगा, दफ्तर में काम कर रहा होगा, दुकान पर मेहनत कर रहा होगा। जो अपनी रोटी खुद पैदा कर रहा होगा, और दस लोगों के लिए रोटी पैदा कर रहा होगा, वही संन्यासी भविष्य में बच सकता है।

तो नया संन्यास जीवन को निषेध करने के लिए नहीं कहता। आप जहां हैं, वैसे ही। बहुत छोटी सी सूचनाएं भर नये संन्यास में हैं। गैरिक वस्त्र है, वह सिर्फ इसलिए है ताकि आपको स्मरण रहे, और आपके आस-पास के समाज को भी स्मरण रहे, कि यह आदमी अब नाटक की तरह जीएगा। छोड़ कर नहीं जाएगा, लेकिन नाटक की तरह जीएगा। वह रिमेंबरिंग के लिए, सिर्फ स्मरण के लिए है।

और एक ही शर्त मैंने नये संन्यास के साथ रखी है, बाकी सब शर्तें हटा दी हैं। क्योंकि बाकी सब शर्तें अब बेकार हैं। एक ही शर्त रखी है। और वह शर्त यह है कि संन्यासी चौबीस घंटे में कम से कम घंटे भर ध्यान कर रहा होगा, बस।

मेरा मानना ऐसा है कि अगर ध्यान फलित होने लगे तो बाकी सब शर्तें पीछे के दरवाजे से भीतर आ जाती हैं। उनको लाने की जरूरत नहीं है। क्योंकि जो ध्यान को उपलब्ध होगा, वह धीरे-धीरे ब्रह्मचर्य की तरफ खिंचता चला जाएगा।

मैं नहीं कहता कि ब्रह्मचर्य की शर्त रखें। और वह ब्रह्मचर्य क्या जिसे बांध कर लाया जाए! उसका कितना मूल्य है! लेकिन ध्यान गहरा होगा तो कामवासना नीचे गिरेगी, अपने आप। अगर न गिरे तो यही समझना कि ध्यान नहीं ठीक हो रहा है, और कुछ समझने की जरूरत नहीं है।

मैं नहीं कहता, क्रोध मत करना। क्योंकि ध्यान बढ़ेगा तो क्रोध असंभव हो जाएगा। मैं नहीं कहता कि मांसाहार छोड़ना। क्योंकि जिसका ध्यान गहरा होगा, वह मांसाहार पर कैसे पाएगा? इसलिए मैंने सब शर्तें हटा दी हैं। और सिर्फ एक बेसिक कंडीशन रखी है कि भीतर ध्यान बढ़ता जाए और बाहर नाटक बढ़ता जाए। शेष सब अपने आप पीछे से चला आएगा।

पुराने संन्यास के साथ उलटी हालत हो गई है। पुराने संन्यास के साथ यह हालत हो गई है, ठीक उलटी, संसार को तो छोड़ देते हैं पुराने संन्यासी, आज के—पुराने दिन के मैं नहीं कह रहा हूं, वह वक्त गया—आज का जो पुराने ढब का संन्यासी है, वह संसार को तो छोड़ देता है, लेकिन जो कुछ भी वह करता है संन्यासी होकर, उसको भी नाटक नहीं मानता, उसको भी भारी गंभीरता से लेता है।

मकान छूट जाता है, तो आश्रम के मुकदमे अदालतों में चलते चले जाते हैं। उससे कोई फर्क नहीं पड़ता। इधर बेटे छूट जाते हैं, तो उधर किस शिष्य को उत्तराधिकारी बनाना है, जारी रहता है। कोई फर्क नहीं पड़ता। नाटक नहीं हो पाता। और जिसको नाटक ही हो सकता है, वह घर में ही नाटक कर सकता है, आश्रम तक जाने की ऐसी कोई खास जरूरत नहीं है। और सारी शर्तें पूरी करने की कोशिश की जाती है, सिर्फ एक ध्यान की शर्त पूरी नहीं हो रही। पुराने ढब का संन्यासी सब शर्तें पूरी कर देता है, सिर्फ ध्यान पूरा नहीं कर पा रहा है।

इधर मैं मुल्क में घूमता हूं, बुजुर्ग से बुजुर्ग संन्यासी भी पूछता है कि ध्यान कैसे करें? अभी आया, उसके दो दिन पहले अस्सी वर्ष के एक वृद्ध संन्यासी आए, उन्नीस सौ बत्तीस में संन्यास लिया है। डाक्टर थे। पांच ही साल शिक्षा के बाद काम किया और फिर छोड़ कर संन्यास ले लिया। अस्सी साल की उम्र है। वे मुझसे पूछने आए कि ध्यान कैसे करूं? तो मैंने उनसे पूछा कि आपको संन्यास लिए—उन्नीस सौ बत्तीस—चालीस साल बीतते हैं। आपने अपने गुरु से नहीं पूछा?

उन्होंने कहा, गुरु ने तो कहा था कि यह खाना छोड़ देना, इतने वक्त उठना, इतने वक्त सोना। तो मैं सारा, जो-जो उन्होंने नियम, विधि बताई थी, पूरी कर रहा हूं। लेकिन ध्यान की बात तो उन्होंने मुझे बताई ही नहीं थी! माला फेरता हूं, ब्रह्मसूत्र पढ़ता हूं, उपनिषद पढ़ता हूं, अध्ययन-मनन करता हूं, चिंतन करता हूं। लेकिन ध्यान?

अगर दूसरी शर्तें बहुत महत्वपूर्ण हैं तो ध्यान पिछड़ जाता है। तो मैं सारी शर्तों को हटा दिया हूं, सिर्फ ध्यान की एक शर्त है। भीतर ध्यान, बाहर नाटक—इतना ही मेरे लिए संन्यास का सूत्र है। शेष सब अपने आप आ जाएगा। आ ही जाता है।

सुबह के ध्यान के संबंध में दो बातें आपको कह दूं, फिर हम ध्यान में संलग्न हों।

एक तो ध्यान उन लोगों का काम है जो मस्ती में उतरने का साहस जुटा पाएं। गैर-हिम्मत लोगों का काम नहीं है। बुजदिल का काम नहीं है। ध्यान तो एक बड़ा एडवेंचर, एक बड़ा दुस्साहस है। अपने से छलांग लगा कर कहीं गहरे में उतर जाने की बात है। अनजान, अज्ञात, अननोन में उतरने के लिए साहस चाहिए।

और एक बात खयाल रखें, आप अपने को सम्हाल कर उस यात्रा पर न जा सकेंगे, पहली बात। तो साहस करें। जो आप हैं, इस तरह रह कर तो आपने काफी देख लिया, कुछ पाया नहीं। अब एक हिम्मत कुछ और तरह जीने की भी कर लें। अन्यथा इसी भांति मर जाएंगे। जो भी आप हैं, उस तरह तो रह कर आपने—किसी ने तीस साल, किसी ने चालीस साल, किसी ने सत्तर साल देख लिया, कुछ पाया नहीं है। अब मैं आपको कहता हूं, एक और हिम्मत करके भी देख लें। शायद...

लेकिन आप अपने पुराने ढब को पकड़ कर खड़े रहते हैं। आप कहते हैं, मैं तो कभी नाचा नहीं, मैं कैसे नाच सकता हूं! मैं तो कभी कीर्तन किया नहीं, मैं कैसे कीर्तन कर सकता हूं! आप सोचते हैं, मैं तो पढ़ा-लिखा, सुसंस्कृत आदमी हूं, मैं कैसे ऐसा काम कर सकता हूं!

आप काफी सुसंस्कृत होंगे, लेकिन सुसंस्कृत होकर आपने काफी दिन देख लिया, कुछ पाया नहीं है। अब थोथी बातों को उतार कर रखने का वक्त है। उसे उतार कर रख दें एक कोने पर। हिम्मत जुटाएं। नये प्रयोग को करके भी देखें।

तीन चरण हैं। पहले पंद्रह मिनट में कीर्तन होगा। बड़े आनंद-भाव से करें। तनाव से नहीं, स्ट्रेन से नहीं। यह कोई काम नहीं है। यह कोई काम नहीं है कि आप कोई श्रम कर रहे हैं। आनंद है, आह्लाद है। बहुत मौज से करें, बहुत प्रफुल्लता से करें। कीर्तन में आपकी प्रफुल्लता प्रकट होनी चाहिए। बहुत मधुरता फैल जानी चाहिए आपके चारों तरफ, आपके भीतर-बाहर। बहुत प्रफुल्लता से, बहुत आनंदमग्न होकर करें। तनाव से नहीं, बहुत खिंचे हुए, टेंस नहीं, कि कोई बहुत भारी काम करने जा रहे हैं। नहीं; परमात्मा के साथ एक छोटे से खेल में उतर रहे हैं, बस इतना ही समझें। परमात्मा के साथ एक छोटे से नाच में उतर रहे हैं। मालूम भी नहीं है कि नाच कैसा है। उस नाच के कोई नियम भी नहीं हैं, उसके कोई स्टेप्स भी नहीं हैं। कुछ मालूम नहीं है, लेकिन परमात्मा का हाथ पकड़ कर नाचने के लिए उतर रहे हैं, इस अहोभाव से उतर जाएं।

पंद्रह मिनट कीर्तन। फिर पंद्रह मिनट के लिए धुन चलती रहेगी, कीर्तन बंद हो जाएगा। फिर व्यक्तिगत रूप से जिसको जो मौज में आए, अपनी मौज में भीतर डूबें और नाचें, आनंदित हों। चिल्लाने की मौज आए, चिल्लाएं; हंसने की मौज आए, हंसें; रोने का मन हो, रो लें। हलके हो जाएं। जो भी भीतर होता हो, उसे करें। पंद्रह मिनट पीछे वह। फिर तीस मिनट के लिए मुर्दे की भांति पड़ जाएं। पहुंच गए उसके द्वार पर नाचते हुए, अब उसकी सीढ़ियों पर सिर रख कर पड़ जाना है। वे समर्पण के क्षण होंगे।

उस क्षण कुछ भी नहीं करना है, साक्षी बने देखते रहना है जो भी अनुभव में आए। भीतर बहुत प्रकाश फैल जा सकता है। भीतर बहुत आनंद की पुलक फैल जा सकती है। चारों ओर परमात्मा की मौजूदगी मालूम हो सकती है। उसका स्पर्श, उसका दर्शन, उसकी अनुभूति हो सकती है। लेकिन वे तीस मिनट मौन पड़े रहने के हैं।

अब हम शुरू करें। और फासले पर फैल जाएंगे, बहुत पास रहेंगे तो नाच न सकेंगे। जगह काफी है। और आप कितने ही मुझसे दूर रहें, परिणाम उतना ही होगा। इसलिए मेरे पास होने का कोई आग्रह न करें, दूर फैल जाएं।

(इसके बाद एक घंटे तक ओशो के सुझावों के साथ ध्यान-प्रयोग चलता रहा।)

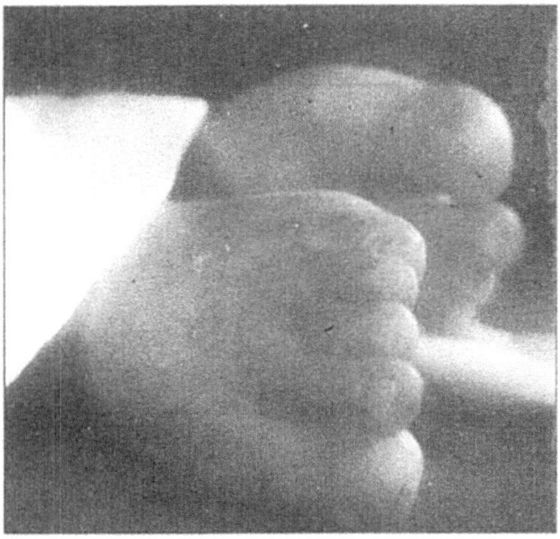

प्रवचन 2

ध्यान : एक गहन मुमुक्षा

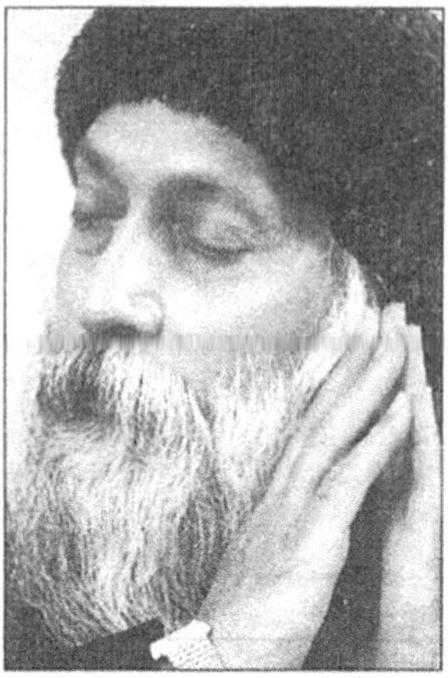

ध्यान के संबंध में एक-दो बातें आपसे कह दूं और फिर हम ध्यान में प्रवेश करें।

एक तो ध्यान में स्वयं के संकल्प के अभाव के अतिरिक्त और कोई बाधा नहीं है। यदि आप ध्यान में जाना ही चाहते हैं तो दुनिया की कोई भी शक्ति आपको ध्यान में जाने से नहीं रोक सकती है। इसलिए अगर ध्यान में जाने में बाधा पड़ती हो तो जानना कि आपके संकल्प में ही कमी है। शायद आप जाना ही नहीं चाहते हैं। यह बहुत अजीब लगेगा! क्योंकि जो भी व्यक्ति कहता है कि मैं ध्यान में जाना चाहता हूं और नहीं जा पाता, वह मान कर चलता है कि वह जाना तो चाहता ही है। लेकिन बहुत भीतरी कारण होते हैं जिनकी वजह से हमें पता नहीं चलता कि हम जाना नहीं चाहते हैं।

अब जैसे, जो व्यक्ति भी कहता है, मैं ध्यान में जाना चाहता हूं, उसे बहुत ठीक से समझ लेना चाहिए कि क्या वह सुख और दुख दोनों को छोड़ने को तैयार है?

दुख को छोड़ने को सभी तैयार हैं। जो ध्यान में जाना चाहते हैं, वे भी इसीलिए जाना चाहते हैं कि दुख छूट जाए और सुख मिल जाए। लेकिन आपको साफ हो जाना चाहिए: ध्यान में जैसे ही प्रवेश करेंगे, सुख-दुख दोनों ही छूट जाते हैं। और जो उपलब्धि होती है वह सुख की नहीं है, परम शांति की है।

तो यदि आप सुख पाने के लिए ध्यान में जाना चाहते हैं, तो आप जाना ही नहीं चाहते। क्योंकि सुख एक तनाव है, एक अशांति है। भला प्रीतिकर लगती हो, लेकिन सुख एक उद्विग्न अवस्था है। दुख भी एक उद्विग्न अवस्था है। सुख में भी नींद नहीं आती, दुख में भी नींद नहीं आती। सुख में भी मन बेचैन रहता है, दुख में भी मन बेचैन रहता है। सुख एक उत्तेजना है। इसलिए सुख भी थका डालता है, तोड़ डालता है। तो यदि आप सुख पाने के लिए ध्यान में जाना चाहते हैं, तो ध्यान में आप जाना नहीं चाहते। ठीक से समझ लें कि सुख और दुख दोनों को छोड़ कर ही ध्यान में जा सकते हैं।

दूसरी बात, ध्यान में अगर कोई कुतूहलवश जाना चाहता हो तो कभी नहीं जा सकेगा। सिर्फ कुतूहलवश—कि देखें क्या होता है? इतनी बचकानी इच्छा से कभी कोई ध्यान में नहीं जा सकेगा। न, जिसे ऐसा लगा हो कि बिना ध्यान के मेरा जीवन व्यर्थ गया है। 'देखें, ध्यान में क्या होता है?' ऐसा नहीं; बिना ध्यान के मैंने देख लिया कि कुछ भी नहीं होता है और अब मुझे ध्यान में जाना ही है, ध्यान के अतिरिक्त अब मेरे पास कोई विकल्प नहीं है—ऐसे निर्णय के साथ ही अगर जाएंगे तो जा सकेंगे। क्योंकि ध्यान बड़ी छलांग है। उसमें पूरी शक्ति लगा कर ही कूदना पड़ता है।

कुतूहल में पूरी शक्ति की कोई जरूरत नहीं होती। कुतूहल तो ऐसा है कि पड़ोसी के दरवाजे के पास कान लगा कर सुन लिया कि क्या बातचीत चल रही है; अपने रास्ते चले गए। किसी की खिड़की में जरा झांक कर देख लिया कि भीतर क्या हो रहा है; अपने रास्ते चले गए। वह कोई आपके जीवन की धारा नहीं है। उस पर आपका कोई जीवन टिकने वाला नहीं है।

लेकिन हम कुतूहलवश बहुत सी बातें कर लेते हैं। ध्यान कुतूहल नहीं है। तो अकेली क्युरिआसिटी अगर है तो काम नहीं होगा। इंक्वायरी चाहिए।

तो मैं आपसे कहना चाहूंगा कि आप बिना ध्यान के तो जीकर देख लिए हैं—कोई तीस साल, कोई चालीस साल, कोई सत्तर साल। क्या अब भी बिना ध्यान में ही जीने की आकांक्षा शेष है? क्या पा लिया है?

तो लौट कर अपने जीवन को एक बार देख लें कि बिना ध्यान के कुछ पाया तो नहीं है। धन पा लिया होगा, यश पा लिया होगा। फिर भी भीतर सब रिक्त और खाली है। कुछ पाया नहीं है। हाथ अभी भी खाली हैं। और जिन्होंने भी जाना है, वे कहते हैं कि ध्यान के अतिरिक्त वह मणि मिलती नहीं, वह रतन मिलता नहीं, जिसे पाने पर लगता है कि अब पाने की और कोई जरूरत न रही, सब पा लिया।

तो ध्यान को कुतूहल नहीं, मुमुक्षा—बहुत गहरी प्यास, अभीप्सा अगर बनाएंगे, तो ही प्रवेश कर पाएंगे। अगर न जा पाते हों ध्यान में, तो संकल्प की कमी है, इसकी खोज करें।

और पूछेंगे आप कि संकल्प की कमी को पूरा कैसे करें?

यह जरा जटिल है बात। क्योंकि जिसमें संकल्प की कमी है, वह संकल्प की कमी को पूरा करने का संकल्प भी नहीं कर पाता, यही उसकी गांठ है। तो वह पूछता है, संकल्प कैसे पूरा करूं? वह कमी कैसे पूरी करूं? वह इसमें भी पूरा संकल्प नहीं कर पाता। और अगर वह कोशिश करेगा, तो वह कोशिश भी अधूरी होनी वाली है, क्योंकि वह अधूरे संकल्प का आदमी है। फिर क्या किया जाए?

तो मैं कहता हूं, कोशिश न करें, कूद पड़ें। कोशिश तो आपसे होने वाली नहीं, कूद पड़ें। कूदना बड़ी अलग बात है; कोशिश बड़ी अलग बात है। कोशिश में समय लगता है—वर्ष लगे, छह महीने लगे। कूदना अभी हो सकता है।

और इसीलिए मैं मॉस, समूह-ध्यान पर जोर देता हूं। क्योंकि जहां इतने लोग ध्यान में जा रहे हों, शायद लहर आपको पकड़ जाए और आप भी देखें कि कूद जाऊं और देखूं—क्या हो रहा है?

कूद जाएं। तैयारी आपसे न हो सकेगी। आप बिना तैयारी के कूद जाएं। और मैं आपसे कहता हूं, परमात्मा आपको बिना तैयारी के भी स्वीकार करने को राजी है, सिर्फ कूद जाएं।

मेरे पास लोग आते हैं, वे कहते हैं, हमारी पात्रता कहां?

ये सब बहाने हैं। ऐसा मत समझना कि वे विनम्र लोग हैं—कि वे कह रहे हैं, हमारी पात्रता कहां? वे सिर्फ यह कह रहे हैं कि वे अपने कूदने की कमी को भी छिपाने का उपाय खोज रहे हैं। वे कह रहे हैं, हमारी पात्रता कहां?

मैं आपसे कहता हूं, परमात्मा आपकी अपात्रता में भी आपको स्वीकार करने को राजी है। आप कूदें। खोजें मत बहाने। और बहाने मन बहुत खोजता है। और ऐसे-ऐसे बहाने खोजता है जिनका हिसाब नहीं। और मन रेशनेलाइज करना जानता है। वह जानता है कि किस तरकीब से अपने को समझा लो, आर्ग्युमेंट दो, दलील दो और कहो कि बिलकुल ठीक हूं, यह कैसे हो सकता है?

अगर आर्ग्युमेंट्स में पड़े रहना है तो यहां आएं ही मत। अगर यहां आ गए हैं तो एक हिम्मत करें और छलांग लगा कर देखें कि...। स्वाद एक बार मिल जाए तो फिर स्वाद ही खींचता चला जाता है। एक किरण भी झलक में आ जाए तो फिर आप न रुक सकेंगे।

और दूसरों की फिक्र मत करें। ध्यान में मैं अनुभव करता हूं, दूसरों की चिंता सबसे बड़ी बाधा हो जाती है—कोई देख लेगा। पागल ही कहेगा न? इससे ज्यादा तो कुछ और कहने को नहीं है। तो इसकी तैयारी कर लें कि देखने वाले पागल कहेंगे।

ऐसे भी आपके देखने-जानने वाले आपको पागल नहीं कहते हैं, इस खयाल में मत रहना। और आपके सामने वे जो कहते हैं, वैसा वे मानते हैं, इस भ्रांति में भी मत रहना।

फ्रायड ने अपनी आत्मकथा में कहीं एक छोटी सी बात कही है। उसने कहा है कि अगर हर मित्र और प्रियजन, अपने मित्रों और प्रियजनों के संबंध में जो सोचता है वह सामने कह दे, तो इस दुनिया में एक प्रेमी और एक मित्र खड़ा नहीं रह सकता। कोई मित्र नहीं रह जाएगा।

बेटा बाप के संबंध में क्या सोचता है, जब वह बाप के पैर छूता है, बाप को बिलकुल पता नहीं चलता। मित्र पीठ के पीछे जाकर आपके बाबत क्या कहता है, आपको कभी पता नहीं चलता। विद्यार्थी गुरु के बाबत, गुरु की पीठ मुड़ते ही कैसे चेहरे बनाता है, गुरु को कुछ पता नहीं चलता। आप इस भ्रांति में रहना ही मत कि आपको कोई बहुत समझदार समझता है।

इस दुनिया में सब अपने को समझदार समझते हैं, कोई किसी दूसरे को समझदार नहीं समझता। और जो अपने को समझदार समझता है, वह सबको गैर-समझदार

समझता है। आपकी बड़ी से बड़ी गैर-समझदारी कोई नई घटना न होगी दूसरों के लिए। वे जानते ही हैं पहले से कि आप गैर-समझदार हैं। इसकी बहुत चिंता न करें।

और ध्यान रखें, इस जगत में सबसे बड़ा पागलपन एक है—अपने को बुद्धिमान जानना और दूसरों को पागल जानना। और इस जमीन पर सबसे पहले पागलपन उसी आदमी का टूटता है, जो अपने को पागल मान लेता है और सबको बुद्धिमान। बस पागलपन टूट जाता है।

तो आप सबको बुद्धिमान समझें, अपने को पागल समझें। और कोई जब कहे कि क्या पागलपन कर रहे थे? तो कहना कि पागल हूं, और कर ही क्या सकता था! सरलता से, हिम्मत से कूद जाएं।

एक नई बात आज के ध्यान में जोड़नी है। क्योंकि जिन लोगों ने इन तीन दिनों में गहरा ध्यान किया है, उनके लिए क्रांतिकारी हो जाएगी। उसके लिए मैं प्रतीक्षा कर रहा था। कुछ लोगों ने बहुत हिम्मत की है, उनके लिए क्रांतिकारी हो जाएगा।

पंद्रह मिनट कीर्तन चलेगा। उसमें बिलकुल पागल हो जाएं। रत्ती भर बचाएं न। बचाया कि गए, आप बाहर रह गए। दूसरे पंद्रह मिनट में सामूहिक कीर्तन बंद हो जाएगा, धुन बजती रहेगी। आप उस धुन के साथ तैरते रहें और बह जाएं। व्यक्तिगत रूप से जो आपके आनंद में आए, करें। जो आपका हर्षोन्माद हो, उसमें उछलते-कूदते रहें, गाते रहें, नाचते रहें। दोनों चरण बहुत आनंद-भाव से करने हैं।

हमारी ऐसी हालत हो गई है और हमने शक्लें ऐसी गमगीन और उदास बना ली हैं कि अगर हम हंसते भी हैं, तो हमारी हंसी सिर्फ रोने जैसी मालूम पड़ती है। अगर हम मुस्कुराते भी हैं, तो हमारे ओंठों पर मुस्कुराहट की जगह उदासी की ही छाया होती है।

आनंद-भाव से करें। परमात्मा के मंदिर की तरफ नाचते हुए ही कोई जा सकता है, रोते हुए नहीं।

यद्यपि कभी-कभी आनंद का रोना भी होता है, वह बिलकुल अलग बात है। जैसा मैंने कहा कि हम ऐसे लोग हैं कि अगर हम हंसते भी हैं, तो वह रोने का ही हिस्सा होता है। लेकिन अगर कोई सच में आनंदित होना जान ले, तब उसके आंसू भी आनंद के ही आंसू हो जाते हैं। फिर उसके रोने की क्वालिटी, गुणवत्ता ही बदल जाती है।

आनंद-भाव से दोनों चरण करें। और जब तीसरा चरण शुरू होगा तो नई बात जो मुझे आज जोड़नी है वह यह: दो चरण के बाद मैं आपको सूचना दूंगा कि प्रत्येक व्यक्ति अपना राइट हैंड, अपना सीधा हाथ माथे पर रख ले, दोनों तरफ रगड़े, ऊपर-नीचे रगड़े, और एक मिनट तक रगड़ना जारी रखे, जब तक मैं मना न करूं।

हाथ रख लेना है माथे पर दोनों आंखों के बीच में, जहां तीसरे नेत्र का क्षेत्र है। दोनों तरफ रगड़ना है, ऊपर-नीचे रगड़ना है और एक मिनट तक रगड़ते रहना है। आजू-बाजू, ऊपर-नीचे। गद्दी आपकी रगड़ती रहे। इस रगड़ते वक्त सारा ध्यान उसी जगह रखना है जहां गद्दी रगड़ रही है, सारी चेतना वहीं रखनी है।

दो चरण जिन्होंने ठीक से पूरे किए हैं, उनकी शक्ति जग जाएगी। और जब वे गद्दी को माथे पर रखेंगे हाथ की, सारी शक्ति माथे की तरफ दौड़नी शुरू हो जाएगी। और जब वे रगड़ेंगे, तो वह जो तीसरे नेत्र पर पड़ा हुआ पर्दा है, वह धीमे-धीमे सरकना शुरू हो जाएगा। एक मिनट के बाद फिर हम तीसरे चरण में प्रवेश कर जाएंगे।

जो लोग भी दो चरण पूरे कर लेंगे, वे आज एक अनूठे अनुभव में उतर सकते हैं। अगर आप नहीं उतर पाते हैं, आपके अतिरिक्त और कोई जिम्मेवार नहीं है।

अब हम प्रयोग के लिए तैयार हो जाएं।

दो बातें, कुछ लोग देखने आ गए हैं, वे बाहर निकल जाएं। और दूर-दूर खड़ा होना है ताकि आप नाच सकें। और भीड़ लगा कर किसी को खड़ा नहीं होना है। दूर-दूर फैल जाएं। और यह स्त्रियों का जो समूह है, वे खयाल से दूर-दूर फैल जाएं। यहां इकट्ठे खड़े नहीं होना है। और जिनको देखना है, वे बाहर हो जाएं। बाहर भी जो खड़े रहें, वे बात नहीं कर सकेंगे।

(पहले चरण में पंद्रह मिनट संगीत की धुन के साथ कीर्तन चलता रहता है।)

गोविंद बोलो, हरि गोपाल बोलो
गोविंद बोलो, हरि गोपाल बोलो
गोविंद बोलो, हरि गोपाल बोलो...
राधा रमण हरि गोपाल बोलो
राधा रमण हरि गोपाल बोलो
राधा रमण हरि गोपाल बोलो...

(दूसरे चरण में पंद्रह मिनट सिर्फ धुन चलती रहती है और भावों की तीव्र अभिव्यक्ति में रोना, हंसना, नाचना, चिल्लाना आदि चलता रहता है। तीस मिनट के बाद तीसरे चरण में ओशो पुनः सुझाव देना प्रारंभ करते हैं।)

शांत हो जाएं, शांत हो जाएं। बैठना हो बैठ जाएं, लेटना हो लेट जाएं। आंख बंद कर लें और अपना सीधा हाथ दोनों आंखों के बीच माथे पर रख लें और एक मिनट तक नीचे-ऊपर और दोनों तरफ आजू-बाजू रगड़ें।

पुट योर राइट हैंड पाम ऑन योर फोरहेड बिट्वीन दि टू आइब्रोज, एंड देन रब इट साइडवेज, अप एंड डाउन, फॉर वन मिनट कंटिन्युअसली। बी कांशस ऑफ दि स्पॉट एंड लेट योर होल बॉडी एनर्जी फ्लो टुवर्ड्स इट।

एक मिनट तक दोनों आंखों के बीच में रगड़ें। ऊपर-नीचे, आजू-बाजू। ध्यान उसी

जगह रखें, तीसरे नेत्र पर। और सारे शरीर की शक्ति, जो जग गई है, उसी केंद्र की तरफ बहने दें।

रब इट, विद फुल कांशसनेस ऑफ दि थर्ड आई स्पॉट...रब इट, बी कांशस ऑफ इट एंड लेट योर बॉडी एनर्जी फ्लो टुवर्ड्स इट...

रगड़ें, तीसरे नेत्र के पर्दे को हटाने के लिए रगड़ें, ऊपर-नीचे, दोनों ओर...एक द्वार खुल जाएगा, जो कि एक अनजान द्वार है...

रब इट, बी कांशस ऑफ इट, एंड ए न्यू डोर ओपन्स सडनली...रब इट, रब इट, एंड ए न्यू डोर ओपन्स सडनली...रगड़ें, रगड़ें, और ध्यान तीसरे नेत्र पर बना रहे... अचानक एक नया द्वार खुल जाएगा और फिर भीतर प्रवेश होगा...

बस अब रगड़ना छोड़ दें। स्टॉप रबिंग एंड जस्ट बी एज इफ यू आर डेड... बिलकुल मुर्दे की भांति हो जाएं, सब छोड़ दें...आवाज नहीं, नाचना नहीं, मुर्दे की भांति हो जाएं...भीतर प्रकाश ही प्रकाश फैल जाएगा। अनंत प्रकाश फैल जाएगा। ऐसा प्रकाश जो कभी नहीं जाना, कभी नहीं देखा। अनंत प्रकाश भीतर फैल जाएगा। जैसे हजार-हजार सूरज एक साथ उग आए हों...

अनंत प्रकाश...इनफिनिट लाइट एंड लाइट जस्ट गोज ऑन स्प्रेडिंग, एंड स्प्रेडिंग, एंड स्प्रेडिंग...अनंत प्रकाश, अनंत प्रकाश, अनंत प्रकाश...फैलता ही चला जाता है, फैलता ही चला जाता है...जैसे एक बूंद सागर में गिर जाए, ऐसे ही आप एक प्रकाश के सागर में गिर गए। जस्ट लाइक ए ड्राप यू हैव ड्राप्ड इनटु दिस ओशन ऑफ लाइट।

प्रकाश ही प्रकाश...अनंत प्रकाश...प्रकाश ही प्रकाश...अनंत प्रकाश...सागर में खो गए प्रकाश के। और प्रकाश के पीछे ही पीछे आनंद की धारा पूरे तन-प्राण में फैलने लगी...आनंद की एक धारा तन-प्राण में घूमने लगी...प्रकाश के पीछे ही आता है आनंद...उस आनंद को अनुभव करें...

फील दि ब्लिस दैट फालोज दि इनफिनिट मूवमेंट ऑफ लाइट...फील दि ब्लिस जस्ट फ्लोइंग अराउंड इनसाइड-आउटसाइड...फील दि ब्लिस...

आनंद को अनुभव करें, आनंद को अनुभव करें, जो प्रकाश के पीछे-पीछे ही आता है और तन-प्राण में छा जाता है...सब शांत हो गया, सब शांत हो गया, सब मौन हो गया...यू आर इन दि डीप साइलेंस...सब शांत हो गया, सब मौन हो गया...

मौन, मौन, जैसे मौन छा गया, सन्नाटा...ए डीप साइलेंस...प्रकाश ही प्रकाश भर गया और आनंद ही आनंद की धारा बह रही है...डूब जाएं, बिलकुल डूब जाएं, डूब जाएं, डूब जाएं...इस आनंद के साथ एक हो जाएं...

बी वन विद दिस ब्लिस, बी वन विद दिस लाइट...एक हो जाएं, एक हो जाएं... ऐसे आनंद को कभी जाना नहीं...समथिंग अननोन, समथिंग एब्सोल्यूटली अननोन डिसेंड्स...अज्ञात उतरता है...खो जाएं, खो जाएं, खो जाएं...

और खोते ही चारों ओर बाहर-भीतर परमात्मा की उपस्थिति मालूम होने लगती है। दि मोमेंट यू आर लॉस्ट इन दिस ब्लिस एंड लाइट, यू विल फील दि प्रेजेंस ऑफ दि डिवाइन अराउंड, इनसाइड एंड आउटसाइड...खो जाएं, खो जाएं और परमात्मा को चारों ओर अनुभव करें...वही है, बाहर-भीतर वही है...आती श्वास में वही है, जाती श्वास में वही है...सब ओर वही है।

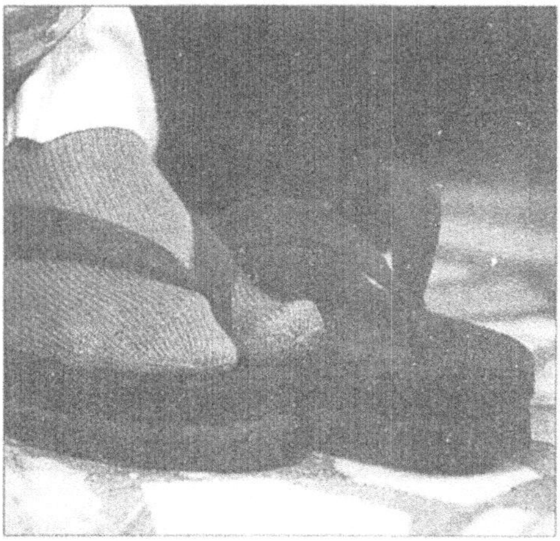

प्रवचन 3

ध्यान : मनुष्य की आत्यंतिक संभावना

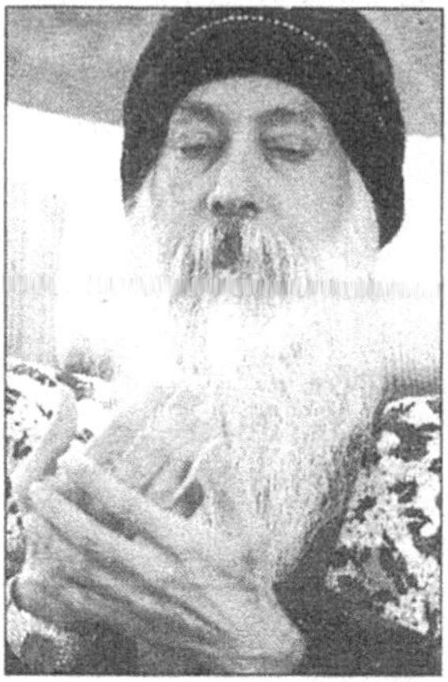

पहले ध्यान के संबंध में कुछ बातें और फिर हम ध्यान में प्रवेश करेंगे।

सबसे पहली बात, साहस न हो तो ध्यान में उतरना ही नहीं। और साहस का एक ही अर्थ है: अपने को छोड़ने का साहस। और सब साहस नाम मात्र के ही साहस हैं। एक ही साहस—अपने से छलांग लगा जाने का साहस, अपने से बाहर हो जाने का साहस—ध्यान बन जाता है। जैसे कोई वस्त्रों को उतार कर रख दे, नग्न हो जाए, ऐसे ही कोई अपने को उतार कर रख कर नग्न हो सके तो ही ध्यान में प्रवेश कर पाता है।

शरीर भी वस्त्र से ज्यादा नहीं है और मन भी वस्त्र से ज्यादा नहीं। लेकिन इन वस्त्रों से हमारा बड़ा मोह है। इन वस्त्रों को ही हमने अपनी आत्मा समझा है, इन वस्त्रों को ही हमने अपना जीवन माना हुआ है। इसलिए उतारने में बड़ी कठिनाई होती है।

लेकिन एक बार कोई साहस कर ले और उतार कर रख पाए, तो फिर कोई कठिनाई नहीं होती, फिर किसी भी क्षण इस शरीर से अलग हुआ जा सकता है। और जो शरीर से अलग होना नहीं जानता, वह संसार से अलग होना कभी भी सीख नहीं पाएगा। क्योंकि संसार शरीर का ही फैलाव है, वह शरीर का ही विस्तार है। और जो शरीर से अलग होना जान लेता है, वह संसार से अलग होने का सीक्रेट, राज, गुर सीख गया।

शरीर से अलग होते ही पता चलता है कि मैं कौन हूं। जैसे शरीर का विस्तार संसार है, वैसे ही शरीर से अलग होकर जिसकी प्रतीति होती है, उसी का पूर्ण रूप ब्रह्म है।

ध्यान साहस है अपने से छलांग लगाने का, ए जंप फ्रॉम वनसेल्फ। इसलिए कमजोर उसमें प्रवेश नहीं कर पाएंगे। पर इतना कमजोर कोई भी नहीं है कि साहस करे और प्रवेश न कर पाए। कमजोरी केवल मन की है। दुर्बल से दुर्बल भी इतना तो सबल है कि छलांग लगा सकता है। लेकिन अक्सर ऐसा होता है कि हम अपनी सबलता को भी दुर्बलता बना लेते हैं।

एक मित्र कल मुझे आकर कह रहे थे कि पहले तो मैंने सोचा कि बुद्धिमान आदमी हूं, यह मैं क्या कर रहा हूं? यह नाचना, यह कूदना, यह तो बुद्धिहीनता है! लेकिन फिर उन्हें खयाल आया कि अगर मैं बुद्धिमान आदमी हूं, तो मुझे और भी बुद्धिमानी से इसमें प्रवेश करने की कोशिश करनी चाहिए। और वे प्रवेश कर गए। चाहते तो अपनी बुद्धिमानी को बाधा बना लेते, चाहा तो उसे सहयोग बना लिया। हमारे हाथ में निर्भर है। हम सीढ़ियों को पत्थर बना सकते हैं मार्ग का और चाहें तो मार्ग के पत्थरों को सीढ़ी भी बना सकते हैं चढ़ने के लिए।

तो अपने-अपने पर खयाल करना कि हम अपनी सबलता को निर्बलता तो नहीं बना रहे हैं? और कोई चाहे तो निर्बलता को भी सबलता बना लेता है। अगर यह भी पता चल जाए कि मैं निर्बल आदमी हूं और हम परमात्मा के हाथ में सौंप दें और कह पाएं कि मैं कुछ भी न कर सकूंगा, तुझे जो करना हो कर। अगर यह भी पूर्णता से हम कह सकें, तो निर्बलता भी सबलता बन जाती है। और जो बिलकुल असहाय अपने को छोड़ देता है, उसे प्रभु का सहारा मिल जाता है।

तो ध्यान के लिए पहली बात तो है साहस। दूसरी बात, अपने से सावधान रहना। क्योंकि आप ही अपने को धोखा दे सकते हैं, कोई और नहीं। सच तो यह है कि इस जगत में दूसरे को धोखा देना संभव ही नहीं है। सिर्फ अपने को ही धोखा दिया जा सकता है। वी कैन डिसीव ओनली अवरसेल्व्स। कोई किसी दूसरे को धोखा दे ही नहीं सकता। दूसरे को धोखा देकर अगर आप कुछ पा भी लेंगे, तो वह दो कौड़ी का है, मौत उसे छीन लेगी। लेकिन अपने को धोखा देकर हम ऐसा कुछ खो सकते हैं कि जन्म-जन्म भटक जाएं और उसे पाना मुश्किल हो जाए। और हम सब अपने को धोखा देते हैं। तो दूसरी बात आपसे कहता हूं, अपने को धोखा देने से सावधान रहना।

धोखा हम किस-किस ढंग से दे लेते हैं?

एक मित्र परसों मेरे पास आए थे। वे कहने लगे, मैं तो बिलकुल शांत ही हूं, आनंद से ही भरा हुआ हूं। और परमात्मा का तो मुझे साक्षात्कार हो चुका है।

मैंने कहा, धन्यवाद! अब और क्या बाकी है?

उन्होंने कहा, लेकिन ध्यान का कोई रास्ता बताइए!

शांत हैं, आनंदित हैं, परमात्मा का साक्षात्कार हो चुका। अब ध्यान का क्या करिएगा? अब ध्यान से क्या प्रयोजन है?

नहीं लेकिन, अपने को धोखा देने की कोशिश चलती है। ध्यान क्या है, यह जानने का सवाल ही तब उठता है जब न मन शांत हो, न आनंद मिला हो, न प्रभु की कोई किरण उतरी हो। तभी तो ध्यान को जानने का सवाल है। लेकिन आदमी का अहंकार ऐसा है कि वह कहता है, ऐसे तो सभी मिला हुआ है।

ऐसा अपने को धोखा मत देना। धोखे की बड़ी संभावना है। देख कर कोई भी जान नहीं सकता है। बाहर खड़े होकर दर्शक की भांति कोई ध्यान को नहीं जान सकता। कुछ

चीजें हैं जो उतर कर ही जानी जाती हैं। होकर ही जानी जाती हैं। कुछ चीजें हैं जिनका एक ही रास्ता है जानने का। उनके लिए टु बी इज़ दि ओनली वे टु नो। जानने का और कोई रास्ता नहीं है। हो जाएं, तो ही ज्ञान सकते हैं। और जितनी गहरी हो बात, उतना ही जान कर नहीं जानी जाती, होकर जानी जाती है। जितनी ऊपरी हो बात, बिना जाने, बिना हुए भी जान ली जा सकती है।

ध्यान मनुष्य की आत्यंतिक संभावना है, आखिरी संभावना है। वह जो मनुष्य का बीज फूल बनता है, वही फूल है ध्यान, जहां मनुष्य खिलता है, उसकी पंखुड़ियां खुलती हैं और उसकी सुगंध परमात्मा के चरणों में समर्पित होती है। ध्यान आखिरी संभावना है मनुष्य के चित्त की। उसे तो होकर ही जाना जा सकेगा। कोई बीज फूल के संबंध में कितनी ही खबर सुन ले, तो भी फूल को नहीं जान पाएगा, जब तक कि टूटे नहीं और फूल न बन जाए। और फूल के संबंध में सुनी गई खबरों में फूल की सुगंध नहीं हो सकती है। और फूल के संबंध में सुनी गई खबरों में फूल का खिलना और वह आनंद, वह एक्सटैसी, वह समाधि नहीं हो सकती है। बीज कितनी ही खबरें सुने फूलों के बाबत, बीज को कुछ भी पता न चलेगा, जब तक स्वयं न टूटे, अंकुरित न हो, बड़ा न हो, आकाश में पत्तों को न फैलाए, सूरज की किरणों को न पीए और खिलने की तरफ स्वयं न बढ़े।

तो दूसरें को देख कर कभी निर्णय मत करना कि हमने जान लिया कि लोग कीर्तन करते हैं, ध्यान करते हैं। स्वयं डूबना उस सागर में, तो ही जीवन के आनंद के मोती उपलब्ध होते हैं।

दो-तीन बातें ध्यान की इस प्रक्रिया के संबंध में।

आज कुछ और भी इसमें जोडूंगा। कल जिन लोगों ने माथे पर हाथ को रगड़ने का, तीसरे नेत्र को जगाने की कोशिश की है, उसमें बहुतों को बहुत अदभुत परिणाम हुए हैं। उनके लिए एक चीज आज और जोड़नी है और वह है: जब तीसरा चरण मौन का पूरा होगा, तब मैं आपसे कहूंगा कि दोनों हाथ आकाश की तरफ उठा लें, आंख खोल कर आकाश को देखें और आकाश को देखने दें आपकी आंखों में। और जब आप दोनों हाथ आकाश की तरफ उठाए हों, तब जो आनंद आपके भीतर भर गया हो, उसे अभिव्यक्त करें, उसे प्रकट करें, उस आनंद को आपके रोएं-रोएं से प्रकट होने दें। अगर प्रफुल्लता की एक लहर प्रकट हो जाए, हंसी फूट पड़े या आनंद के आंसू बहने लगें या थिरक में आप नाच उठें, तो उसे प्रकट करें।

एक तो नृत्य है जो हम प्रभु के द्वार पर जाने के लिए करते हैं और एक और भी नृत्य है जो उसके द्वार पर पहुंच कर धन्यवाद की तरह होता है।

तीसरे चरण को समाप्त करने के पहले, इसके पहले कि हम परमात्मा को धन्यवाद दें, उसका अनुग्रह स्वीकार करें, आप दोनों हाथ आकाश की तरफ उठा कर, आंखें आकाश को देखेंगी और आकाश को आंखों में झांकने देना, और फिर जो भी अभिव्यक्ति आनंद की आपको सहज घटित हो जाए उसे प्रकट करना।

वन थिंग मोर इज़ टु बी एडेड टुडे। आफ्टर दि डीप साइलेंस, थर्ड स्टेप, यू हैव टु रेज़ योर बोथ हैंड्स टुवर्ड्स दि स्काई एंड ओपन योर आइज, सो दैट यू कैन सी दि स्काई एंड दि स्काई कैन सी यू। यू विद योर आइज इनटु दि स्काई एंड स्काई विद हिज़ आइज पेनिट्रेटिंग डीपली इनटु यू। ए कम्यूनियन विद दि स्काई। एंड व्हेन यू फील दि कम्यूनियन, देन लेट दि ब्लिस दैट इज़ फ्लोइंग इन यू बी एक्सप्रेस्ड विद एनी गेस्चर दैट हैपन्स स्पांटेनियसली, दैट हैपन्स। बिद एनी गेस्चर—विद लाफ्टर, विद टियर्स ऑफ ब्लिस, विद डांसिंग—विद एनी मूवमेंट, व्हाट सो एवर हैपन्स टु यू, एक्सप्रेस इट एज ए थैंक्स गिवेन टु दि डिवाइन। बिफोर वी गिव दि थैंक्स, एड दिस टुडे। आई विल गिव यू दि सजेशंस, आफ्टर थर्ड स्टेप ऑफ डीप साइलेंस, एक्सप्रेस योर ब्लिस।

और कल जो मैंने जोड़ा है, वह तो आपको खयाल में है। पंद्रह मिनट के कीर्तन और पंद्रह मिनट के व्यक्तिगत सक्रिय-ध्यान के बाद आपको अपना सीधा हाथ, राइट हैंड दोनों आंखों के बीच में रख लेना है भृकुटी पर और दोनों तरफ आजू-बाजू, ऊपर-नीचे रगड़ना है। वही है जगह जहां तीसरा नेत्र है। वही है जगह जहां से द्वार है अंतर्यात्रा का, जहां से मनुष्य स्वयं के भीतर प्रवेश करता है।

आई मस्ट टेल यू अगेन, आफ्टर दि सेकेंड स्टेप, यू हैव टु पुट योर राइट हैंड पाम बिट्वीन दि आइब्रोज एंड देन रब इट साइडवेज, अप एंड डाउन फॉर वन मिनट कंटिन्युअसली। बिकाज दैट इज़ दि प्वाइंट, दि सेंटर फ्रॉम व्हिच वन गोज इनवर्ड्स।

रब इट, सो दैट दि स्क्रीन—ए वेरी थिन स्क्रीन इज़ देयर, व्हिच इज़ हाइडिंग दि थर्ड आई—इज़ जस्ट रब्ड ऑफ। विद दि एनर्जी ओवर फ्लोइंग, विद दि एनर्जी मूविंग इन यू, दि राइट पाम जस्ट बिकम्स ए वीहिकल फॉर दि एनर्जी टु वर्क ऑन दि थर्ड आई स्पॉट। सो रब इट फॉर वन मिनट कंटिन्युअसली, देन गो इन डीप साइलेंस इन दि थर्ड स्टेप। एंड नाउ वी विल बिगिन।

जो लोग भी यहां देखने को आ गए हों, वे कुर्सियों पर बैठ जाएं। कोई देखने वाला व्यक्ति यहां ध्यान करने वालों के साथ न हो। जिसको भी देखना हो, वह कुर्सियों पर बैठ जाए। और देखने वाले किसी तरह की बात नहीं करेंगे, शांत बैठ कर देखते रहेंगे।

और करने वाले दूर-दूर फैल जाएं। जितने दूर फैलेंगे, उतनी गति आएगी। दूर-दूर फैल जाएं, बड़ी जगह है, दूर-दूर फैल जाएं। बातचीत न करें, दूर-दूर फैल जाएं।

और देखने वाले बातचीत नहीं करेंगे। खड़े न हों, कुर्सियों पर बैठ जाएं। काफी कुर्सियां हैं, देखने वाले कुर्सियों पर बैठ जाएं। देखिए इस तरफ भी कोई देखने वाला न खड़ा रहे। किसी को खड़ा होना हो, तो यहां कुर्सियों पर आ जाएं।

(पहले चरण में पंद्रह मिनट संगीत की धुन के साथ कीर्तन चलता रहता है।)

गोविंद बोलो, हरि गोपाल बोलो

गोविंद बोलो, हरि गोपाल बोलो
गोविंद बोलो, हरि गोपाल बोलो...
राधा रमण हरि गोपाल बोलो
राधा रमण हरि गोपाल बोलो
राधा रमण हरि गोपाल बोलो...

(दूसरे चरण में पंद्रह मिनट सिर्फ धुन चलती रहती है और भावों की तीव्र अभिव्यक्ति में रोना, हंसना, नाचना, चिल्लाना आदि चलता रहता है। तीस मिनट के बाद तीसरे चरण में ओशो पुनः सुझाव देना प्रारंभ करते हैं।)

अब तीसरे चरण में प्रवेश करना है। लेट जाएं मुर्दे की भांति, या खड़े रहें या बैठे रहें। आंख बंद कर लें, आंख बंद कर लें। लेट जाएं, बैठे रहें या खड़े रहें। आंख बंद कर लें, अब आंख खुली नहीं रखनी है। जो शक्ति जग गई है, उसे भीतर प्रवेश करने देना है। आंख बंद कर लें और दोनों आंखों के बीच माथे पर अपना सीधा हाथ रख लें। हाथ को रगड़ें ऊपर से नीचे और दोनों तरफ आजू-बाजू।

पुट योर राइट हैंड पाम ऑन दि फोरहेड एंड रब इट साइडवेज एंड अप-डाउन... फॉर वन मिनट, रब इट विद क्लोज्ड आइज, रब योर राइट हैंड पाम ऑन योर फोरहेड साइडवेज, अप एंड डाउन, बोथ...रब इट...रगड़ें, हाथ की गद्दी को रगड़ें दोनों ओर, आजू-बाजू, ऊपर-नीचे। तीसरे नेत्र पर जोर से रगड़ें एक मिनट तक। रब इट फोर्सफुली।

बस अब छोड़ दें। स्टॉप इट। लाइ डाउन एज इफ डेड। लेट जाएं जैसे मुर्दे हैं। भूल जाएं शरीर को, लेट जाएं जैसे मर गए...जैसे मर गए, शरीर छूट गया...शरीर लाश की तरह पड़ा रह जाएगा और भीतर प्रकाश ही प्रकाश भर गया है...भीतर प्रकाश ही प्रकाश, जैसे हजारों सूरज एक साथ निकल आएं...भीतर प्रकाश ही प्रकाश फैल गया है...भीतर प्रकाश ही प्रकाश, अनंत प्रकाश...

लुक इनसाइड एंड फील दि इनफिनिट लाइट...लुक इनसाइड, लुक इनसाइड एंड फील दि इनफिनिट लाइट...फील दि इनफिनिट लाइट...लाइट एंड ब्लिस...

देखें, भीतर देखें। अनंत प्रकाश, अनंत प्रकाश फैल गया...ओर-छोर नहीं, ऐसे प्रकाश के सागर में खो गए...प्रकाश ही प्रकाश रह गया, आप मिट गए...यू आर नॉट नाउ, ओनली लाइट, इनफिनिट लाइट रिमेन्स...

अनुभव करें, इस प्रकाश को अनुभव करें, इसमें खो जाएं, इस प्रकाश को अनुभव करें...फील, फील दिस लाइट, बी वन विद इट, बी वन विद इट...प्रकाश ही प्रकाश, प्रकाश ही प्रकाश...लाइट, एंड मोर लाइट, एंड मोर लाइट, एंड यू आर नॉट...आप खो गए और प्रकाश ही प्रकाश बचा है...

खो जाएं, बिलकुल खो जाएं, तीसरे नेत्र के द्वार से डूब जाएं इस प्रकाश में...फ्रॉम दि डोर ऑफ दि थर्ड आई जस्ट ड्राप इन दिस ओशन ऑफ लाइट...डूब जाएं, कूद जाएं, छलांग लगाएं...प्रकाश ही प्रकाश रह गया है, एक बूंद की तरह उस प्रकाश में खो गए...

शरीर अलग पड़ा हुआ दिखाई पड़ेगा, जैसे कोई लाश पड़ी हो, अपनी ही लाश... शरीर अलग पड़ा हुआ दिखाई पड़ेगा, जैसे कोई लाश पड़ी हो, अपनी ही लाश...बाहर निकल आएं अपने शरीर से, जैसे कोई अपने कपड़ों को छोड़ कर बाहर निकल आए, जैसे कोई अपने घर के बाहर निकले...बाहर निकल आएं और लौट कर देखें—शरीर पड़ा है आपका ही मुर्दे की भांति...

टेक ए जंप आउट ऑफ योर बॉडी, दिस इज़ दि मोमेंट, टेक ए जंप आउट ऑफ योर बॉडी एंड लुक बैक—दि बॉडी इज़ लाइंग डेड...टेक ए जंप, दिस इज़ दि मोमेंट, टेक ए जंप आउट ऑफ योर बॉडी एंड लुक बैक—योर ओन बॉडी इज़ जस्ट लाइंग डेड...डू नॉट फियर, टेक ए जंप एंड लुक बैक एंड सी योर ओन बॉडी लाइंग डेड...

एक झटके में बाहर निकल जाएं, हिम्मत करें, कूद जाएं, यही है क्षण और लौट कर देखें—शरीर मुर्दे की भांति पड़ा है...

प्रकाश ही प्रकाश, प्रकाश ही प्रकाश...और प्रकाश के पीछे ही आ जाता है आनंद, जैसे अनंत झरने फूट पड़ें...अनुभव करें, प्रकाश के पीछे ही आ जाता है आनंद, जैसे झरने फूट पड़ें...रोएं-रोएं में आनंद की पुलक समा जाती है...

एंड लाइट इज़ फालोड बाइ ब्लिस, बाइ डिवाइन ब्लिस...फील इट, ब्लिस कम्स जस्ट एज ए शैडो ऑफ लाइट...फील इट, फील इट, फील दि ब्लिस डिवाइन जस्ट फालोज एज ए शैडो...

रोएं-रोएं में अनुभव करें, एक दिव्य आनंद पीछे ही चला आता है, जैसे छाया की भांति, रोएं-रोएं को भर देता है...अनुभव करें, अनुभव करें, अनुभव करें...फील इट, फील दि ब्लिस, फील दि डिवाइन ब्लिस...

सब खो गया, सब खो गया, शून्य हो गया...सब खो गया, सब खो गया, शून्य हो गया...यू आर इन ए ग्रेट वॉयड, इन ए ग्रेट नथिंगनेस...यू आर नॉट नाउ, ओनली दि डिवाइन इज़...शून्य हो गया, सब शून्य हो गया...अब आप नहीं हैं, सिर्फ परमात्मा है...अनुभव करें, उसकी उपस्थिति को अनुभव करें...चारों ओर वही है, बाहर-भीतर वही है...परमात्मा के स्पर्श को अनुभव करें...वही है मौजूद, केवल वही है मौजूद... श्वास में भी भीतर वही आता और श्वास से बाहर भी वही जाता है...

फील दि डिवाइन...यू आर नॉट नाउ, फील दि डिवाइन, आल अराउंड इनसाइड एंड आउट...इट कम्स इन दि इनकमिंग ब्रेथ, इट गोज इन दि आउटगोइंग ब्रेथ...फील इट, फील इट...यू आर नॉट, यू आर जस्ट ए वॉयड, ए नथिंगनेस...नाउ फील दि डिवाइन, दि डिवाइन इज़ प्रेजेंट इन दिस नथिंगनेस, इन दिस वॉयड...फील इट...

अनुभव करें, अनुभव करें, अनुभव करें...मिट गए, खो गए, शून्य रह गया... आप नहीं हैं, अब परमात्मा ही है...अनुभव करें चारों ओर उसकी मौजूदगी, उसकी ही बांहों में लिपटे हुए, उसके ही आलिंगन में हैं...आप मिट गए, परमात्मा ही है, चारों ओर वही है...अनुभव करें, अनुभव करें, स्पष्ट अनुभव करें, उसकी मौजूदगी अनुभव करें...

नाउ यू आर नॉट, ओनली दि वॉयड इज़...लेट दिस वॉयड बिकम ए मीडियम फॉर दि डिसेन्डेंस ऑफ दि डिवाइन...नाउ दि डोर इज़ ओपन एंड दि डिवाइन इज़ प्रेजेंट आल अराउंड...फॉल इट, फॉल इट, फॉल इट...

आप मिट गए, आप मिट गए, खो गए, शून्य रह गया...इस शून्य में ही उतरता है प्रभु...द्वार खुला है, अनुभव करें, चारों ओर वही है—सूरज की किरणों में वही, हवाओं के झोंकों में वही, आकाश में वही, आती-जाती श्वास में वही...अनुभव करें, अनुभव करें, अनुभव करें...फील दि डिवाइन, फील दि डिवाइन, फील दि डिवाइन... यू आर नॉट नाउ, यू कैन फील दि डिवाइन...फील इट...

अब फिर से एक बार सीधे हाथ की हथेली को दोनों आंखों के बीच में माथे पर रख लें, वंस मोर, पुट योर राइट हैंड पाम बिट्वीन दि आइब्रोज ऑन दि फोरहेड एंड रब इट अगेन...रब इट अगेन फोर्सफुली, साइडवेज़ एंड अपसाइड बोथ, रब इट फॉर वन मिनट...रब इट फोर्सफुली...रगड़ें, हाथ की हथेली को रगड़ें...रब इट फोर्सफुली, सडनली ए डोर ओपन्स...रब इट फोर्सफुली, सडनली समथिंग हैपन्स इनसाइड...रब इट फोर्सफुली...जोर से रगड़ें, भीतर कुछ जोर से घटित होगा...

बस अब दोनों हाथ आकाश की तरफ फैला लें, दोनों हाथ आकाश की तरफ फैलाएं। रेज़ योर बोथ हैंड्स टुवर्ड्स दि स्काई, ओपन योर आइज, लुक इनटु दि स्काई एंड लेट दि स्काई लुक इनटु यू...दोनों आंखें खोल लें, आकाश की तरफ देखें, दोनों हाथ आकाश की तरफ फैला लें और आनंद का जो भी भाव उठे उसे प्रकट करें... एक्सप्रेस योर ब्लिस...आनंद का जो भी भाव हो उसे प्रकट करें, परिपूर्ण प्रफुल्लित होकर प्रकट करें...लेट योर ब्लिस बी एक्सप्रेस्ड...

आकाश को देखें, दोनों हाथ ऊपर, आंखें आकाश की तरफ, आकाश को झांकने दें...लेट दि स्काई हैव ए ग्लिम्प्स इन यू...आकाश को आंखों में झांकने दें और आनंद को प्रकट करें, जिस भांति भी प्रकट हो...

ठीक है, अब दोनों हाथ जोड़ लें और परमात्मा को धन्यवाद दे दें...दोनों हाथ जोड़ लें, परमात्मा के चरणों में सिर रख दें...पुट योर बोथ पाम्स इन नमस्कार पोज, पुट योर हेड इन दि डिवाइन्स फीट एंड नाउ थैंक हिम फॉर हिज़ ब्लिस, फॉर हिज़ ग्रेस... एक्सप्रेस योर ग्रेटिटयूड फॉर हिज़ ग्रेस...

आदमी अकेला काफी नहीं, आदमी अकेला कुछ भी न कर पाएगा, आदमी बहुत असहाय है। परमात्मा की सहायता चाहिए, उसका हाथ चाहिए।

मैन अलोन इज़ नॉट इनफ। मैन नीड्स ग्रेस। मैन अलोन कैन नॉट डू एनीथिंग। फील हेल्पलेस, टोटली हेल्पलेस एंड थैंकफुल फॉर हिज़ ग्रेस।

और हृदय की धड़कन-धड़कन को कहने दें: प्रभु की अनुकंपा अपार है, प्रभु की अनुकंपा अपार है, प्रभु की अनुकंपा अपार है। इनफिनिट इज़ दाइ ग्रेस, इनफिनिट इज़ दाइ ग्रेस, इनफिनिट इज़ दाइ ग्रेस। फील दि ग्रेटिटयूड, फील दि ग्रेटिटयूड। अनुग्रह अनुभव करें, अनुग्रह अनुभव करें। प्रभु की अनुकंपा अपार है।

अब दो-चार गहरी श्वास ले लें और ध्यान से वापस लौट आएं। दो-चार गहरी श्वास ले लें और ध्यान से वापस लौट आएं।

हमारी सुबह की बैठक पूरी हो गई।

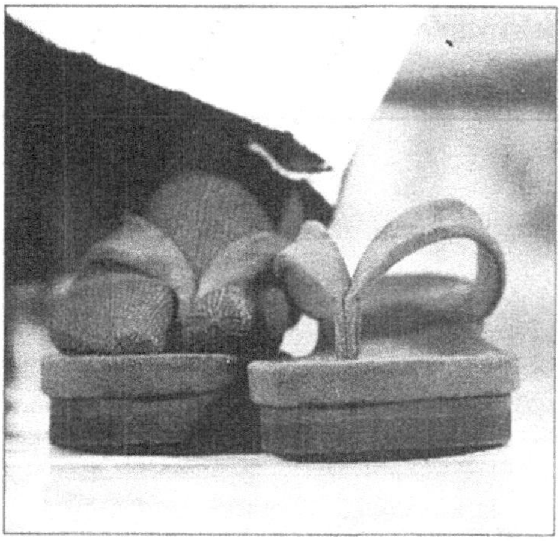

प्रवचन 4

ध्यान : जीवन की बुनियाद

जीवन में दुख भी है और सुख भी, क्योंकि जन्म भी है और मृत्यु भी। लेकिन इस बात पर बहुत कुछ निर्भर करता है कि दोनों में से हम किसको चुन कर जीवन की बुनियाद बनाते हैं।

यदि कोई व्यक्ति मृत्यु को चुन कर जीवन की बुनियाद रखे, तो फिर जन्म भी केवल मृत्यु की शुरुआत मालूम पड़ेगी। और अगर कोई जीवन को ही बुनियाद रखे, तो फिर मृत्यु भी जीवन की परिपूर्णता और जीवन की अंतिम खिलावट मालूम पड़ेगी। कोई व्यक्ति अगर दुख को ही जीवन का आधार चुन ले, तो सुख भी केवल दुख में जाने का उपाय दिखाई पड़ेगा। और अगर कोई व्यक्ति सुख को जीवन का आधार बना ले, तो दुख भी केवल एक सुख से दूसरे सुख में परिवर्तन की कड़ी होगी। यह निर्भर करता है चुनाव पर। जीवन में दोनों हैं। हम क्या चुनते हैं, इससे पूरे जीवन की व्यवस्था बदल जाती है। अशांति भी है जीवन में, शांति भी। हम क्या चुनते हैं, इस पर सब निर्भर करेगा।

ध्यान अशांति को जीवन के आधार से हटाने की विधि है और जीवन के आधार में मौन, शांत चित्त को रखने की व्यवस्था है। लेकिन हम अशांत होने में बहुत निष्णात हैं। और हम कोई मौका नहीं चूकते। अशांति का कोई मौका मिलता हो तो हम चूकते ही नहीं, तत्पर हैं बहुत। प्रतीक्षा में हैं कि कोई कारण मिले और हम अशांत हो जाएं।

आपको याद पड़ता है आपने जीवन में कोई अशांत होने का मौका खाली जाने दिया? वह याद नहीं पड़ेगा। किसी ने गाली दी हो और आप क्रोधित न हुए हों? नहीं; आप क्रोधित होने का कारण खोज ही लेंगे तत्काल। अवसर आप खो नहीं सकते।

लेकिन कुछ अवसर खोना शुरू करें, यदि ध्यान में आगे बढ़ना है तो कुछ अवसर खोना शुरू करें। कोई गाली दे तो उस क्षण गाली पर ध्यान न दें। ध्यान दें इस बात पर—कि क्या मैं इस अवसर को चूक सकता हूं? और जो व्यक्ति अशांति के अवसर

चूकता नहीं, अशांत होता ही है नियमित रूप से, वह व्यक्ति शांति के अवसर चूकता चला जाता है। क्योंकि दोनों बातें एक साथ नहीं हो सकती हैं।

मुल्ला नसरुद्दीन पर एक मुकदमा है कि उसने अपनी पत्नी को लकड़ी उठा कर मारा। और जज उससे पूछता है कि मुल्ला, यह लकड़ी तुमने क्यों मारी?

तो उसने कहा, दरवाजा खुला था, पत्नी की मेरी तरफ पीठ थी, लकड़ी बिलकुल हाथ के पास थी, मैंने सोचा : आई शुड नॉट मिस दिस ऑपरच्युनिटी। यह अवसर चूकने जैसा नहीं है। पत्नी की पीठ थी, दरवाजा खुला था, लकड़ी बिलकुल हाथ के पास थी। सोचा : आई मस्ट टेक ए चांस। एक मौका मिला, इसका उपयोग कर लो ।

अवसर को दो हिस्सों में ख़याल ले लें : शांति के अवसर हैं, अशांति के भी अवसर हैं। अगर आप अशांति के अवसर नहीं चूकते, तो शांति के चूकते चले जाएंगे। क्योंकि आपके चित्त की बनावट चुनाव की हो जाती है। आप अशांति को तत्काल चुन लेते हैं।

कोई आदमी अगर क्रोध से आपकी तरफ देखे, तो आप कभी ऐसा नहीं सोचते कि उसका क्रोध झूठा रहा होगा, लेकिन कोई मुस्कुराए तो जरूर सोचते हैं कि बनावट रही होगी, बनावटी मुस्कुराहट होगी। लेकिन क्रोध को आप कभी नहीं सोचते कि बनावटी रहा हो। कोई आदमी आपके प्रति प्रेम प्रकट करे, तो संदेह भी रहता है कि मन में पता नहीं क्या मतलब हो। लेकिन कोई क्रोध प्रकट करे, तो कभी संदेह नहीं उठता कि क्या मतलब हो। मतलब बिलकुल साफ है। यह हमारे चुनाव की वृत्ति है।

कोई अगर किसी के संबंध में आपसे कहे कि बहुत भला आदमी है, तो आप समझते हैं कि यह हो नहीं सकता। लेकिन कोई कहे फलां आदमी बहुत बुरा है, तो पक्का निश्चय हो जाता है कि बुरा होना ही चाहिए। अगर कोई आदमी आपसे कहे कि फलां आदमी भला है, तो पहले आप इस आदमी के बाबत सोचते हैं कि यह कहने वाला खुद तो इस हालत में है कि यह क्या भले को पहचानेगा! लेकिन अगर वही आदमी आपसे आकर कहे कि फलां आदमी बुरा है, तो फिर आप कभी नहीं पूछते कि यह आदमी खुद तो बुरा नहीं है! हमारे चुनाव हैं। बुरे को, गलत को हम बड़ी शीघ्रता से चुनते हैं, सेंसिटिव हैं, एकदम पकड़ लेते हैं।

इसको बदलें। अगर ध्यान में गहरे जाना है तो चौबीस घंटे इसका स्मरण रखें कि अशांत होने के मौके चूकें, शांत होने के मौके पकड़ें। जब भी मौका मिल जाए शांत होने का क्षण भर को तो शांत हों। और जब भी मौका मिले अशांत होने का तो कृपा करें अपने पर, चूक जाएं। थोड़े ही दिन में आपके चुनाव का रुख बदल जाएगा। और तब आप बहुत हैरान होंगे कि आपका जो दुख था आज तक का, वह आपकी ही च्वाइस थी, आपका ही चुनाव था।

यह जगत किसी को दुख देने को उत्सुक नहीं है। इस जगत ने किसी के लिए नरक और किसी के लिए स्वर्ग बना कर नहीं रखे हैं। प्रकृति का कोई पक्षपात नहीं है। प्रकृति बहुत अनप्रिज्युडिस्ड है। वह कोई फिक्र नहीं करती कि आप कौन हैं। लेकिन आप ही

नरक को चुनते हैं। और बड़े मजे की बात है कि नरक पर लोग बड़ा भरोसा करते हैं। स्वर्ग पर भरोसा करने वाला आदमी मिलना बहुत मुश्किल है।

ऐसे भी लोग हैं जो ईश्वर पर भरोसा नहीं करते, लेकिन शैतान पर भरोसा करते हैं। ऐसे भी लोग हैं, जिनको शक हो सकता है कि स्वर्ग है या नहीं, लेकिन नरक में किसी को शक नहीं होता।

मुल्ला नसरुद्दीन की लड़की अपने बाप से पूछती है कि मैं जिस युवक को प्रेम करती हूं, उससे विवाह करूं या न करूं? क्योंकि वह धार्मिक नहीं है और उसे स्वर्ग और नरक में बिलकुल ही भरोसा नहीं है।

मुल्ला ने कहा, स्वर्ग के बाबत तो मैं कुछ नहीं कह सकता, लेकिन तू शादी कर और शादी करके तू सिद्ध कर दे कि नरक है। तेरी मां ने मेरे लिए सिद्ध कर दिया, तू उसके लिए सिद्ध कर दे। स्वर्ग के बाबत मैं कुछ नहीं कह सकता। अपना कोई अनुभव नहीं, विश्वास भी नहीं। लेकिन एक मामले में तू उसे निश्चय करवा सकती है कि नरक है।

स्वर्ग भरोसे में नहीं आता; बिलीवेबल नहीं है, विश्वास योग्य नहीं है। नरक बिलकुल भरोसे में आता है। लेकिन यह भरोसा हमारा खबर देता है हमारे संबंध में, नरक के संबंध में नहीं। यह बताता है कि हम नरक को मानने को उत्सुक और तैयार हैं। स्वर्ग को मानने की हमारी तैयारी नहीं, क्योंकि हमने जीवन में स्वर्ग कभी चुना ही नहीं।

तो ध्यान की यात्रा पर निकलने वाले लोगों को यह स्मरण रहे कि ध्यान अकेला काफी नहीं है, आपके चित्त के चुनाव के ढंग बदलने चाहिए।

शुभ को देखने की कोशिश करें, सुंदर को देखने की कोशिश करें। असुंदर को उपेक्षा दें, कुरूप को ध्यान मत दें। अंधेरे को चुनने की जरूरत क्या है? आपके लायक प्रकाश जगत में काफी है। अंधेरा है जरूर, लेकिन आपको खड़े होने की कोई जरूरत नहीं है अंधेरे में। आपके खड़े होने के लिए प्रकाश काफी है। और कोई व्यक्ति चाहे तो पूरे जीवन को प्रकाश में बिता सकता है।

लेकिन हमारा चुनाव ऐसा है कि प्रकाश और अंधेरा हो, तो हम अंधेरे में जाकर खड़े हो जाएंगे। और अंधेरे में खड़े होकर हम चिल्लाते रहेंगे कि अंधेरा ही अंधेरा है! दुख ही दुख है! यहां कोई सुख की किरण भी नहीं है!

ध्यान रहे, आनंद को उपलब्ध होना हो तो आपके चुनाव का ढंग बिलकुल ही बदल जाना चाहिए। और आपके हाथ में है। सुबह उठते हैं, तब से...

एक झेन फकीर हुआ, बोकोजू। उसके पास जापान का सम्राट मिलने आया था। जापान के सम्राट ने उससे पूछा कि क्या नरक है?

बोकोजू ने नरक के संबंध में तो कोई उत्तर न दिया, नीचे से ऊपर तक सम्राट को देखा। वह सजा-धजा था एक सैनिक की वेशभूषा में। बोकोजू ने कहा कि जब भी मैं किसी को सैनिक की वेशभूषा में देखता हूं तो मुझे खयाल आता है कि भीतर एक डरपोक आदमी छिपा है।

सम्राट का रुख एकदम बदल गया। आया था श्रद्धा से भरा हुआ, एकदम अश्रद्धा हो गई। और बोकोजू ने कहा कि तुम्हारी शकल सम्राट जैसी बिलकुल नहीं लगती। शकल तो तुम्हारी कुछ ऐसी लगती है कि जैसे कोई नाटक में किसी को सम्राट बना दिया हो। तो उसका हाथ तलवार की मूठ पर चला गया सम्राट का। और बोकोजू ने कहा कि मुझे डराने की कोशिश मत करो, क्योंकि मैं अगर जोर से चिल्ला भी दूं तो तुम भाग खड़े होओगे।

यह तो हद हो गई! वह आया था कुछ पूछने और यह आदमी क्या बातें कर रहा है! उसने तलवार निकाल कर बोकोजू की गर्दन पर रख दी।

बोकोजू ने कहा कि देखो, तुम नरक का दरवाजा खोल रहे हो। नरक है, और यह तुम दरवाजा खोल रहे हो। ये मैंने सिर्फ तीन बातें तुमसे इसलिए कहीं ताकि तुम्हें दरवाजे पर ही पहुंचा कर बता दूं कि यह रहा नरक। अब बस जरा सा ही खोलो कि गए अंदर। अब तुम्हारी मर्जी! चाहो तो लौट जाओ, चाहो तो प्रवेश कर जाओ।

आपका ही चुनाव आपको नरक के दरवाजे पर रोज ले आता है। चुनाव महत्वपूर्ण है, सुख-दुख उतने महत्वपूर्ण नहीं हैं। सुख-दुख साधारण घटनाएं हैं। चुनाव आपका भीतर महत्वपूर्ण है। तो ध्यान के लिए इस सूत्र को स्मरण रखें।

अब ध्यान के संबंध में मैं दो-तीन बातें और आपसे कह दूं और फिर हम ध्यान के प्रयोग में जाएं। शायद कुछ नये लोग आ गए हों।

पंद्रह मिनट कीर्तन चलेगा। उस कीर्तन में जितने भाव-मुग्ध हो सकें, उतना ही गहरा जा सकेंगे। उस कीर्तन में जितने पागल हो सकें, उतनी ही गति है। उस कीर्तन में जितने बह जाएं, उतनी ही सरलता हो जाएगी। जो लोग देखने को आ गए हों, वे कुर्सियों पर बैठ जाएंगे, वे यहां अंदर नहीं होंगे। कोई भी व्यक्ति जो देखने आ गया हो, वह कुर्सियों पर चला जाएगा। जो करने आया हो, वह कुर्सियां छोड़ कर कंपाउंड में आ जाएगा। जो करने आया हो, वह कुर्सी पर न बैठा रहे। क्योंकि मैं देखता हूं, कुछ लोग कुर्सी पर बैठ कर करते हैं। वह कुर्सी काफी बाधा बन जाती है। बाहर की कुर्सियां तो बाधा बनती ही हैं, भीतर भी कुर्सियां हैं, वे भी बाधा बनती हैं।

आपमें भी कई लोग जमीन पर बैठे हैं, लेकिन अपनी कुर्सी छोड़ कर नहीं बैठ पाते। वे वहां भी बैठे हैं, लेकिन उनकी कुर्सी पीछे पकड़ी हुई है। वे जानते हैं कि मैं मजिस्ट्रेट हूं, मैं कैसे नाच सकता हूं?

अब नाच का मजिस्ट्रेट से क्या लेना-देना है! मजिस्ट्रेट नाच सकता है, नाच का कोई विरोध नहीं है। नाचने वाला मजिस्ट्रेट हो सकता है, कोई कंट्राडिक्शन नहीं है इसमें कहीं कोई।

कि मेरे पास दस लाख रुपये हैं, तो मैं कैसे नाच सकता हूं?

दस लाख रुपये हैं और नहीं नाच सकते, तो फिर कब नाचेंगे? आदमी रुपये

कमाता इसलिए है कि किसी दिन नाच सके। लेकिन गधेपन का कोई अंत नहीं है। रुपये इकट्ठे हो जाते हैं, नाचना भूल जाता है। तो वह कहता है, मेरे पास इतने रुपये हैं, मैं कैसे नाचूं?

रुपये किसलिए इकट्ठे किए? इसीलिए कि किसी दिन वह क्षण आ जाएगा कि कोई रोक-टोक नहीं रहेगी, मन मुक्त होगा, नाच सकेंगे। अब नाचने का वक्त आ गया तो रुपये छाती पर रख कर बैठे हैं कि वह वजन ज्यादा है, नाचें कैसे?

तो जो ऐसे यहां बिना कुर्सी के भी कुर्सी पर बैठे हों, वे कुर्सियों पर चले जाएं। कुर्सियों पर कोई भूल से बैठ गए हों और नाच सकते हों, वे नीचे आ जाएं। देखने वाले सब कुर्सियों पर होंगे, नीचे कोई नहीं होगा। एक भी आदमी बीच में बाधा बन जाता है। उससे ताल टूट जाता है। जैसे ही पंद्रह मिनट में आप गहरे मौन में प्रवेश करते हैं और कीर्तन में, ये इतने लोग अलग-अलग नहीं रह जाते, एक धारा हो जाती है, एक रिदम, एक गति हो जाती है। उस गति में सब संयुक्त हो जाते हैं। उसमें एक भी व्यक्ति बेईमानी से बीच में खड़ा रहे, तो वह रिदम को तोड़ता है, गति को तोड़ता है।

तो अपने साथ आप कुछ भी करें, कृपा कर दूसरों को नुकसान न पहुंचे, इसका तो ध्यान रखना ही चाहिए। तो वहां से हट जाएं। और दूर-दूर फैल कर खड़े होना है। पास-पास खड़े होना धोखा देना है। वह नाच से बचने की तरकीब है। आप दूर-दूर फैल जाएं, ताकि मुक्त मन से नाच सकें।

दूसरी बात, पंद्रह मिनट तक कीर्तन, फिर पंद्रह मिनट तक मुक्त-भाव। कीर्तन बंद हो जाएगा, धुन चलती रहेगी। फिर धुन के साथ बढ़ते चले जाएं।

तीस मिनट के बाद मैं आपको माथे को रगड़ने को कहूंगा।

कुछ प्रश्न उस संबंध में आए हैं। एक तो यह कि अगर दाएं हाथ से रगड़ने में तकलीफ हो?

अगर ऐसी तकलीफ हो तो बाएं से रगड़ सकते हैं। ऐसी कोई अड़चन नहीं है। बाएं से रगड़ सकते हैं, अगर दाएं हाथ से किसी को रगड़ने में तकलीफ होती हो तो बाएं से रगड़ सकते हैं। दूसरी बात, अगर किसी को ऐसा लगता हो कि बहुत जोर से रगड़ने से अड़चन होती है, तो इतने जोर से नहीं रगड़ना है कि घाव बन जाए या चमड़ी छिल जाए, इतने जोर से नहीं रगड़ना है। आप अपना-अपना हिसाब कर लें। क्योंकि सब की अपनी-अपनी चमड़ी की मोटाई है। आप अपना हिसाब कर लें कि कितना रगड़ना है। फिर रगड़ने की भी अपनी-अपनी ताकत है। वह आप अपना तय कर लें। चमड़ी न छिल जाए, इतना ध्यान रखें।

और किसी मित्र ने पूछा है कि आधा मिनट में ही प्रक्रिया शुरू हो जाती है, तो क्या मिनट तक जारी रखना है?

प्रक्रिया शुरू हो जाए, जब आपको लगे कि भीतर का द्वार खुलना शुरू हुआ, तो छोड़ सकते हैं। कोई एक मिनट जरूरी नहीं है। एक मिनट सिर्फ इसलिए कि सबकी

प्रक्रिया शुरू हो जाए। किसी को अगर मिनट में भी ऐसा लगे कि अभी कुछ अधूरा है, तो वह दो मिनट तक जारी रख सकता है। एक मिनट तो हम सबके लिए उपयोग कर रहे हैं। किसी को ऐसा लगे कि कुछ हो रहा है और मिनट समाप्त हो गया, तो वह और एक मिनट जारी रख सकता है, उसमें कोई बाधा नहीं है। वह आप पर निर्भर है।

फिर गहरे मौन में तीसरा चरण हम बिताएंगे। उस क्षण जो भी अनुभव हों, उन्हें बड़े आनंद से देखते रहें, साक्षी बने रहें।

अंत में फिर एक मिनट के लिए माथे को रगड़ना है। फिर दोनों हाथ आकाश की तरफ उठा कर आंख खोल देनी है। आकाश आपकी आंख में झांक सके, आप आकाश में झांक सकें, तो एक गहरा मिलन, एक कम्यूनियन घटित होता है। और फिर परमात्मा को धन्यवाद देना है। जब आप हाथ उठा कर आकाश में झांकेंगे, उस वक्त जो भी हृदय में तरंग आनंद की आ जाए, उसे खुले मन से प्रकट करना है, पूरे आनंद से प्रकट करना है। किसी का उस वक्त हंसने का मन हो, आनंद के आंसू बह जाएं, डोलने का मन हो, नाचने का मन हो, उस क्षण जो भी हो, एक दो-तीन मिनट के लिए पूरे मुक्त-भाव से अपनी अभिव्यक्ति कर लेनी है। फिर धन्यवाद देकर...

जो लोग भी देखने को हों वे हट जाएं और जो लोग करने को हों वे दूर-दूर फैल जाएं।

(पहले चरण में पंद्रह मिनट संगीत की धुन के साथ कीर्तन चलता रहता है।)

गोविंद बोलो, हरि गोपाल बोलो
गोविंद बोलो, हरि गोपाल बोलो
गोविंद बोलो, हरि गोपाल बोलो...
राधा रमण हरि गोपाल बोलो
राधा रमण हरि गोपाल बोलो
राधा रमण हरि गोपाल बोलो...

(दूसरे चरण में पंद्रह मिनट सिर्फ धुन चलती रहती है और भावों की तीव्र अभिव्यक्ति में रोना, हंसना, नाचना, चिल्लाना आदि चलता रहता है। तीस मिनट के बाद तीसरे चरण में ओशो पुनः सुझाव देना प्रारंभ करते हैं।)

शांत हो जाएं, आवाज छोड़ दें। आंख बंद कर लें। लेट जाएं, बैठ जाएं या खड़े रहें, जैसा भी मन हो। आंख बंद कर लें। आवाज छोड़ दें, नाचना छोड़ दें। शक्ति जग गई है, अब उसे भीतर काम करने दें। चुप हो जाएं। आंख बंद कर लें। बिलकुल चुप हो जाएं। आंख बंद कर लें। दायां हाथ माथे पर रख लें, दोनों आंखों के बीच और दोनों

तरफ, ऊपर-नीचे रगड़ें...भीतर कोई द्वार खुलना शुरू हो जाएगा...रगड़ते ही भीतर बहुत प्रकाश फैलना शुरू हो जाएगा...रब योर राइट हैंड पाम ऑन दि फोरहेड...

हाथ रगड़ते ही भीतर अनेक अनुभव उठने शुरू हो जाएंगे...रगड़ें, हाथ रगड़ते ही भीतर बहुत कुछ होना शुरू हो जाएगा...रगड़ें...

रब योर राइट हैंड पाम ऑन दि फोरहेड—साइडवेज, अप एंड डाउन...मेनी एक्सपीरिएंसेज विल बिगिन ट हैपन...रब इट...

बस अब हाथ छोड़ दें और मुर्दे की भांति हो जाएं...हाथ छोड़ दें...नाउ स्टॉप रबिंग...मुर्दे की भांति हो जाएं...परमात्मा के द्वार पर पड़े हैं सब समर्पण कर...

भीतर प्रकाश ही प्रकाश फैल जाएगा, अनंत प्रकाश...भीतर प्रकाश ही प्रकाश फैल जाएगा, ऐसा प्रकाश जो कभी नहीं जाना...भीतर प्रकाश ही प्रकाश का सागर लहराने लगेगा...प्रकाश ही प्रकाश, प्रकाश ही प्रकाश...

प्रकाश ही प्रकाश के सागर में खो गए...तन-मन का रोआं-रोआं प्रकाश से भर जाएगा...प्रकाश ही शेष रह जाएगा...लाइट, मोर लाइट, इनफिनिट लाइट, ओनली लाइट रिमेन्स...प्रकाश ही प्रकाश फैल गया, अनंत प्रकाश फैल गया...

अनुभव करें और इस प्रकाश के साथ एक हो जाएं...अनुभव करें और इस प्रकाश के साथ एक हो जाएं...बी वन विद दिस लाइट, बी वन विद दिस लाइट, फील दि लाइट एंड बी वन विद दिस...

प्रकाश ही प्रकाश...खो गए उस प्रकाश में...कुछ शेष नहीं बचा, सिर्फ प्रकाश ही प्रकाश...प्रकाश के पीछे-पीछे ही आनंद की छाया आने लगती है, आनंद की धारा आने लगती है...प्रकाश के साथ ही साथ आ जाता है आनंद...आनंद से भर जाएं, आनंद से भर जाएं, आनंद के साथ एक हो जाएं...आनंद से भर जाएं, आनंद के साथ एक हो जाएं...

ब्लिस फालोज लाइट एज ए शैडो...नाउ बी ब्लिसफुल, बी फिल्ड विद इट, बी वन विद इट...फील दि ब्लिस...आनंद को अनुभव करें, आनंद से भर जाएं, आनंद से एक हो जाएं...समस्त तन-प्राण आनंद से आंदोलित हो उठा है...समस्त अस्तित्व आनंद से आंदोलित हो उठा है...आनंद से भर जाएं, एक हो जाएं...

फील दि ब्लिस...दि होल एक्झिस्टेंस हैज बिकम ब्लिस...फील इट, बी फिल्ड विद इट, बी वन विद इट...

और आनंद के पीछे-पीछे ही परमात्मा की उपस्थिति प्रतीत होने लगती है...वही मौजूद है चारों ओर, वही घेरे हुए है, बाहर-भीतर वही है...आती श्वास में वही, जाती श्वास में वही...अनुभव करें, उसकी उपस्थिति से भर जाएं...

दि एक्सपीरिएंस ऑफ दि ब्लिस इज़ फालोड बाइ डिवाइन प्रेजेंस...नाउ फील दि डिवाइन आल अराउंड—इनसाइड, आउटसाइड...नाउ फील दि प्रेजेंस, बी फिल्ड विद

इट, बी वन विद इट...प्रभु की उपस्थिति अनुभव करें, वही चारों ओर मौजूद है, वही घेरे हुए है...वही है जन्म, वही है मृत्यु...केवल प्रभु ही है...अनुभव करें, अनुभव करें, अनुभव करें, अनुभव करें...

इस परम अनुभव के क्षण में, एक झटके से शरीर के बाहर हो जाएं। जैसे कोई अपने वस्त्रों को निकाल कर बाहर हो जाए। जैसे कोई अपने घर से निकले और बाहर हो जाए। एक छलांग लें, एक झटके से शरीर के बाहर हो जाएं। इस समय बाहर हो सकते हैं। और अपने शरीर को लौट कर देखें—वह पीछे मुर्दे की भांति पड़ा है।

नाउ टेक ए जंप, दिस इज़ दि मोमेंट एंड दि जंप कैन बी टेकेन, बी आउट ऑफ योर बॉडी। जस्ट टेक ए जंप एंड बी आउट ऑफ योर बॉडी। देन लुक बैक—दि बॉडी इज़ लाइंग डेड। एंड वंस यू हैव नोन दैट दि बॉडी इज़ सेप्रेट फ्रॉम यू, यू विल नेवर फारगेट। जान लें एक बार कि शरीर अलग है, शरीर अलग है मुझसे, और फिर यह कभी नहीं भूला जाता है। एक झटके में, हिम्मत करें, शरीर को छोड़ कर बाहर खड़े हो जाएं। ये क्षण हैं, जरा सा साहस, और बाहर हो सकते हैं। और अपने शरीर को देखें—बैठा हुआ, पड़ा हुआ, खड़ा हुआ, मुर्दे की भांति—और आप अलग हो गए हैं।

शरीर से स्वयं को अलग जान लेना ही ज्ञान है...शरीर से स्वयं को अलग जान लेना ही परमात्मा से स्वयं को एक जान लेना है...

टु नो दैट दि बॉडी इज़ सेप्रेट इज़ दि सुप्रीम नालेज...एंड टु नो दैट दि बॉडी इज़ सेप्रेट, इज़ टु नो दैट यू आर वन विद दि डिवाइन...

एक छलांग, झटके से बाहर हो जाएं...सोचें नहीं, झटके से बाहर हो जाएं...और लौट कर देखें—शरीर मुर्दे की भांति पड़ा हुआ है...

चारों ओर परमात्मा मौजूद है और हम उसके सागर में खो गए, जैसे बूंद सागर में खो जाए...जैसे महासूर्य के प्रकाश में कोई छोटा सा दीया जलाए और उसकी ज्योति सूर्य के प्रकाश में खो जाए, ऐसे ही हम उसकी मौजूदगी में खो गए...जैसे हमारी श्वास निकलती है शरीर के बाहर और अनंत आकाश में खो जाती है, ऐसे ही हम निकले स्वयं के बाहर और अनंत परमात्मा में खो गए...प्रकाश ही प्रकाश है, आनंद ही आनंद है और चारों ओर परमात्मा मौजूद है...

अब दोनों हाथ ऊपर उठा लें, आंखें ऊपर उठा लें, आंखें खोलें, आकाश को देखें और आकाश को आपकी आंखों में झांकने दें...नाउ रेज़ योर बोथ हैंड्स टुवर्ड्स दि स्काई, ओपन योर आइज, लुक इनटु दि स्काई एंड लेट दि स्काई लुक इनटु यू...और जो भी आनंद की लहर भीतर आती हो उसे प्रकट करें...जो भी आनंद का भाव उठता हो उसे समग्र रूप से प्रकट करें...

नाउ एक्सप्रेस योर ब्लिस, नाउ एक्सप्रेस योर एक्सटैसी...हंसना हो, रोना हो, चिल्लाना हो आनंद में, नाचना हो, जो भी भाव आ जाए उसे प्रकट कर दें...रोकें नहीं,

जो भी भाव हो उसे फैल जाने दें...एक्सप्रेस योर ब्लिस एनी वे इट हैपन्स टु यू...हंसें, नाचें, चिल्लाएं, रोएं, जो भी भाव आता हो उसे पूरी शक्ति दे दें और प्रकट करें...

अब दोनों हाथ जोड़ लें, उसे धन्यवाद दे दें। आदमी अकेले से तो कुछ न होगा, प्रभु की अनुकंपा चाहिए, उसका सहारा चाहिए। दोनों हाथ जोड़ लें, चरणों में सिर झुका दें उसके। नाउ पुट योर बोथ हैंड्स इन नमस्कार पोज एंड पुट योर हेड इनटु हिज़ फीट।

और हृदय के रोएं-रोएं को कहने दें, धड़कन-धड़कन को : प्रभु की अनुकंपा अपार है, प्रभु की अनुकंपा अपार है, प्रभु की अनुकंपा अपार है, प्रभु की अनुकंपा अपार है। दाइ ग्रेस इज़ इनफिनिट, दाइ ग्रेस इज़ इनफिनिट, दाइ ग्रेस इज़ इनफिनिट। प्रभु की अनुकंपा अपार है, प्रभु की अनुकंपा अपार है, प्रभु की अनुकंपा अपार है।

दो-चार गहरी श्वास ले लें और ध्यान से वापस लौट आएं। हमारी सुबह की बैठक पूरी हो गई। दो-चार गहरी श्वास ले लें और ध्यान से वापस लौट आएं। हमारी सुबह की बैठक पूरी हो गई।

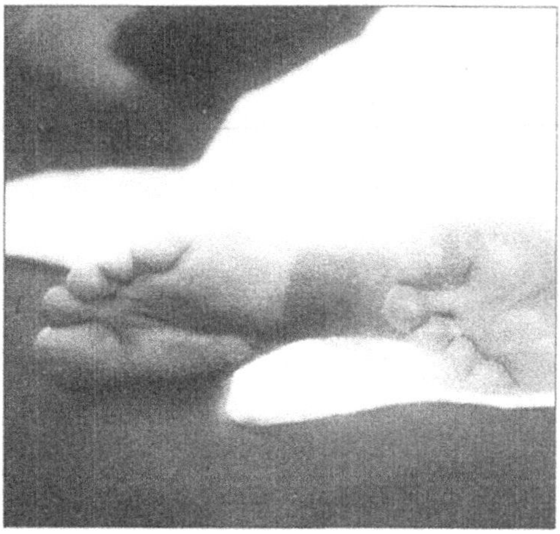

प्रवचन 5

ध्यान : द्वैत से अद्वैत की ओर

दो-तीन मित्रों ने एक ही सवाल पूछा है कि ध्यान का प्रयोग करते समय, जब मैं कहता हूं कि आप अपने शरीर के बाहर निकल जाएं, छलांग लगा लें, और पीछे लौट कर देखें, तो उन्होंने पूछा है, यह हमारी समझ में नहीं आता कि कैसे निकल जाएं और कैसे पीछे लौट कर देखें?

जिनको छलांग लग जाती हो उनके लिए तो किसी विधि की जरूरत नहीं है। इसीलिए मैंने विधि की बात नहीं कही। क्योंकि कुछ लोग सहज ही बाहर निकल जाते हैं, किसी विधि की जरूरत नहीं है। निकलने का खयाल ही उन्हें बाहर ले जाता है। जिनको ऐसा न होता हो, उनके लिए मैं विधि कहता हूं। लेकिन जिनको होता हो उन्हें विधि करने की जरा भी जरूरत नहीं है। जिन्हें यह न होता हो आसानी से कि कैसे बाहर निकल जाएं, वे एक छोटा सा प्रयोग रात सोते समय घर पर करें। तो एक-दो दिन के भीतर आसान हो जाएगा।

रात सोते समय बिस्तर पर बैठ जाएं, अपने दोनों हाथ पैरों पर रख लें, और घुटने तक सोने के पहले पैर ठंडे पानी से धो लें, फिर दोनों हाथ घुटनों पर रख लें और ऐसा अनुभव करें कि दोनों हाथों से बिजली की धारा पैरों में प्रवाहित हो रही है। और दोनों हाथों को नीचे की तरफ ले जाएं, सात बार, पंजों तक ले जाएं। बस ऐसा खयाल करते हुए कि बिजली की धारा हाथ से प्रवाहित हो रही है और पैरों से नीचे उतर रही है। पंजे तक ले जाएं और फिर पैर के...सात बार ऐसा करें, और फिर एक मिनट तक दोनों हथेलियों से पैर के दोनों पंजों को रगड़ते रहें, नीचे तलवों को रगड़ते रहें। और अनुभव करें कि बिजली वहां इकट्ठी हो रही है। फिर सीधे लेट जाएं, माथे पर—जैसा हम प्रयोग कर रहे हैं—हाथ को रख कर, बहुत आहिस्ता से, तेजी से नहीं, बहुत आहिस्ता से हाथ

को ऊपर-नीचे और दोनों ओर एक मिनट तक फेरते रहें। फिर दोनों हाथ छोड़ दें और भीतर आंख बंद करके अनुभव करें कि आपके पैर कहां हैं? आंख बंद करके सिर्फ अनुभव करें कि मेरे पैर कहां हैं? मेरे पैर का पंजा कहां समाप्त हो रहा है?

शीघ्र ही आपको अनुभव में आ जाएगा कि आपके पैर इस जगह हैं। तत्काल दूसरी कल्पना करें कि मेरे पैर छह इंच लंबे हो गए हैं। सिर्फ कल्पना करें कि छह इंच लंबे हो गए हैं। और आपको फौरन अनुभव में आना शुरू हो जाएगा कि आपके पैर जहां थे वहां से छह इंच लंबे हो गए हैं।

यह जो लंबाई है, यह सूक्ष्म शरीर की है, यह अनुभव में आ जाएगी एक-दो दिन के भीतर। ऐसा तीन-चार बार करें, फिर वापस लौट आएं अपने पैर के स्थान पर। फिर छह इंच लंबे पैर को ले जाएं, फिर वापस लौट आएं, फिर पैर को ले जाएं।

जब पैर आपका होने लगे, तब दूसरा प्रयोग जोड़ दें। आंख बंद करके अनुभव करें कि सिर कहां है? फिर कल्पना करें कि सिर छह इंच लंबा हो गया, फिर वापस लौट आएं स्थान पर। फिर छह इंच लंबे पर ले जाएं, फिर वापस लौट आएं।

जब यह भी आपको अनुभव होने लगे, तब तीसरा प्रयोग इसमें जोड़ दें कि आपका शरीर बड़ा होकर आपके पूरे कमरे में फैल गया है। आपका यह शरीर तो पड़ा रहेगा बिस्तर पर, लेकिन सूक्ष्म शरीर की अनंत संभावना है, वह कितना ही बड़ा और कितना ही छोटा हो सकता है। जब आपका छह इंच ऊपर सिर जाने लगे और छह इंच पैर नीचे जाने लगें, तो अड़चन न होगी। तब आप तीसरा प्रयोग जोड़ दें। आंख बंद रखें और अनुभव करें कि शरीर पूरे कमरे में फैल गया और दीवाल स्पर्श होने लगी।

जिस दिन यह हो जाए, उस दिन सुबह के ध्यान में आप शरीर के बाहर हो जाएंगे। उसमें कोई अड़चन न होगी। जिनका सहज होता हो उन्हें विधि नहीं करनी है। जिनका न होता हो वे रात सोते वक्त आज से विधि शुरू कर दें, तो मेरे जाने के पहले, सुबह के प्रयोग में वे शरीर के बाहर हो सकेंगे।

दूसरे मित्र ने पूछा है कि जब ध्यान में प्रकाश का अनुभव होता है, तो वह प्रकाश भी तो प्रकृति प्रकाश ही होगा और द्रष्टा तो अलग ही रहेगा!

प्राथमिक रूप से ऐसा ही होगा कि प्रकाश अलग दिखाई पड़ेगा और द्रष्टा अलग दिखाई पड़ेगा। लेकिन एक घड़ी ऐसी आती है जब द्रष्टा और प्रकाश एक ही हो जाते हैं। वही घड़ी परम घड़ी है। जब देखने वाला और दिखाई पड़ने वाला एक ही हो जाता है। या जब दर्शन, दृश्य और द्रष्टा तीनों खो जाते हैं, सिर्फ प्रकाश रह जाता है।

पर वह भाषा में कहना कठिन होगा। क्योंकि भाषा में तो जब भी हम कहेंगे, चीजें दो में टूट जाएंगी। देखने वाला अलग हो जाएगा, दिखाई पड़ने वाली चीज अलग हो जाएगी।

तो जब मैं आपसे कहता हूं, प्रकाश को देखें, तो यह बिलकुल प्राथमिक है। धीरे-धीरे-धीरे देखने वाला और दिखाई पड़ने वाला प्रकाश दो चीजें नहीं रह जाते, एक ही अनुभव हो जाता है। वहां यह भी पता नहीं चलता कि मैं प्रकाश को देख रहा हूं। वहां प्रकाश ही रह जाता है, मैं नहीं रह जाता हूं, या मैं ही प्रकाश हो जाता हूं। यह तो लौट कर ध्यान के बाहर आपको पता चलेगा कि मैंने प्रकाश जाना। ध्यान के भीतर धीरे-धीरे अनुभव भी खो जाएगा कि मैंने प्रकाश जाना। यह अनुभव भी बाधा है। लेकिन प्राथमिक रूप से साढ़ा है।

सीढ़ियां चढ़नी पड़ती हैं और छोड़नी पड़ती हैं।

अगर कोई कहे कि जिन सीढ़ियों को छोड़ना है उन्हें चढ़ें ही क्यों? तो वह नीचे ही रह जाएगा, मंजिल के ऊपर नहीं पहुंचेगा। और कोई अगर यह कहे कि जब सीढ़ियों को इतनी मेहनत से चढ़े तो आखिरी समय इन्हें छोड़ें क्यों? तो वह सीढ़ियों पर रह जाएगा, वह भी मंजिल पर नहीं पहुंचता है।

ध्यान में द्वैत से शुरू करना पड़ता है, क्योंकि हम द्वैत में खड़े हैं। और अद्वैत पर पहुंचना पड़ता है, क्योंकि वही हमारी मंजिल और वही सत्य है।

अंतिम क्षण में प्रकृति और परमात्मा भी दो नहीं हैं। अंतिम क्षण में पदार्थ और परमात्मा भी दो नहीं हैं। अंतिम क्षण में संसार और मोक्ष भी दो नहीं हैं। अंतिम क्षण में दो ही नहीं हैं। दुई और द्वैत नहीं है। लेकिन उस अंतिम क्षण को अगर पहले से आपसे कहा जाए तो खतरे की संभावना है।

झेन फकीर जापान में निरंतर कहते रहे हैं: निर्वाण और संसार एक है, पदार्थ और परमात्मा एक है।

लेकिन इसका एक दुष्परिणाम भी हुआ। इसका फिर यह हुआ कि जो आदमी संसार में खड़ा है, वह कहता है, जब एक ही है तो छोड़ना क्या? बदलना क्या? जाना कहां? फिर ठीक है, भोगे चले जाओ। शराब भी परमात्मा है फिर। तो पीए चले जाओ। जब द्वैत है ही नहीं, तो हम परमात्मा को ही पी रहे हैं, शराब कहां पी रहे हैं! फिर जुआ खेल रहे हैं, तो हम प्रार्थना ही कर रहे हैं। भेद कहां है?

यह जो अंतिम वक्तव्य है, यह पहले न दिया जाए तो अच्छा। क्योंकि यह अंतिम वक्तव्य उस आदमी को देना, जिसे कुछ भी पता नहीं है, खतरे में ले जाएगा। हम ज्ञान से भी नरक में उतर सकते हैं। हम इतने अदभुत लोग हैं कि हम ज्ञान को भी नरक में उतरने के लिए मार्ग बना सकते हैं।

ऐसा हुआ। ऐसा इस देश में भी हुआ। वेदांत के जो चरम सत्य हैं, वे आम आदमी के हाथ में पड़ कर लाभ नहीं पहुंचाए, नुकसान पहुंचाए। चरम सत्य अनुभव से ही प्रकट होते हैं। और उन तक पहुंचने के लिए बहुत से हाइपोथेटिकल ट्रुथ, बहुत से प्रयोगात्मक सत्य स्वीकार करने पड़ते हैं, जो कि सत्य नहीं हैं। जो कि सत्य नहीं हैं, लेकिन सत्य तक पहुंचाने में भी कुछ असत्य सहयोगी होते हैं।

यह बहुत कठिन मालूम पड़ेगा। दुनिया में जितने भी धर्म विकसित हुए हैं, उनमें निन्यानबे प्रतिशत कल्पित सत्य हैं। लेकिन वे कल्पित सत्य इसीलिए हैं ताकि उस एक सत्य तक पहुंचने के लिए रास्ता बन जाए। हम असत्य में घिरे हुए लोग, असत्य के ही सहारे सत्य की तरफ जा सकते हैं। और इसीलिए परम सत्य की जो घोषणा है वह खतरनाक सिद्ध होती है। क्योंकि समझ में तो आ जाती है बात, लेकिन जब हम प्रयोग करने उतरते हैं, तब अड़चन खड़ी होती है।

अगर सब एक है, तो कुछ भी करने की जरूरत नहीं है। और अगर परमात्मा सब जगह व्याप्त है, तो कुछ भी करने की जरूरत नहीं है। लेकिन हम जैसे हैं, वैसे ही रह जाएंगे फिर। और हम जैसे हैं, उसमें हमें परमात्मा का कहीं कोई अनुभव नहीं है। हमें कुछ करना पड़ेगा, ताकि हम बदल जाएं और यह जो परम सत्य है कि सभी कुछ परमात्मा है, यह हमारी प्रतीति, हमारा अनुभव बन जाए। यह अनुभव अभी नहीं है।

द्वैत अनुभव होगा प्रारंभ में ध्यान में। आनंद भी अनुभव होगा तो आनंद अलग मालूम पड़ेगा, आप अलग मालूम पड़ेंगे। परमात्मा की भी जो पहली स्पर्शणा होगी, उसमें आप अलग और स्पर्श अलग मालूम पड़ेगा। फिर धीरे-धीरे डूबते-डूबते-डूबते...

अगर हम एक नमक की डली को पानी में डाल दें, तो डालते ही नहीं घुल जाती है। अलग बनी रहती है पानी से। लेकिन घुलना शुरू हो गया, पानी के छूते ही घुलना शुरू हो गया। अभी तो अलग है, वक्त लगेगा। थोड़ा पानी के सत्संग में रहने पर धीरे-धीरे गलेगी-गलेगी-गलेगी। पहले तो समझेगी कि मैं अलग हूं और पानी अलग है। फिर धीरे-धीरे गलती जाएगी और वह वक्त आएगा जब कि डली खोजने से नहीं मिलेगी, पानी में सब तरफ फैल गई होगी और एक हो गई होगी। और अब डली और पानी अलग नहीं होंगे। अब अगर आपको डली खोजनी है तो पानी को चखना पड़ेगा। तो ही पता चलेगा कि वह है—छिपी हुई, व्यापक होकर, फैल कर। लेकिन प्रथम क्षण में तो नमक की डली पानी से अलग ही रहेगी।

आप भी जब परमात्मा में पहले क्षण में उतरेंगे तो अलग होंगे, परमात्मा अलग होगा। लेकिन उतर गए तो अब फिक्र न करें, परमात्मा जल्दी ही आपको गला लेगा। जल्दी ही आप पिघल जाएंगे और खो जाएंगे।

ध्यान के संबंध में दो-तीन बातें कह दूं।

रोज ध्यान की गति तीव्र होती जाती है। इसलिए कोई भी व्यक्ति जो देखने आ गया हो, वह कुर्सियों पर बैठ जाएगा। कंपाउंड में, इस मेरे सामने के घेरे में, कोई भी व्यक्ति देखने के लिए नहीं रहेगा। लेकिन मैं रोज कहता हूं, फिर भी इस कोने पर कुछ लोग खड़े होकर देखना शुरू कर देते हैं। फिर बीच में उन्हें अलग करवाना भी अशोभन मालूम पड़ता है। उन्हें खुद ही समझ लेनी चाहिए। इस कोने पर नियमित रूप से कुछ लोग खड़े होकर देखना जारी रखते हैं। तो आज हमें अलग करना पड़ेगा। इस कोने पर ऐसे लोग अगर हों, तो वे कुर्सियों पर चले जाएं।

कोई भी छोटे बच्चे बीच में आप बिठा लेते हैं। आपको अंदाज नहीं है कि वे बच्चे वहां बैठ कर क्या करेंगे। उन बच्चों को हटा दें और कुर्सियों पर बिठा दें। जो भी प्रयोग कर रहा हो वही यहां अंदर रहे, बाकी लोग बाहर हो जाएं। देखने की मनाही नहीं है, कुर्सी पर बैठ जाएं और जाकर देख लें।

जो लोग कुर्सियों पर बैठे हों और प्रयोग करना चाहते हों, वे वहां न बैठे रहें। वह सिर्फ नासमझों के लिए है। जिनको प्रयोग करना हो वे नीचे कंपाउंड में आ जाएं। जिनको भी हटना हो वे एकदम हट जाएं, वहां बैठ जाएं। और संकोच न करें कि कोई क्या कहेगा, आप हट रहे हैं! आपकी मौजूदगी खतरनाक है, आप हट जाएं।

जिनको प्रयोग करना हो वे कुर्सियों से नीचे आ जाएं। और जिनको देखना हो वे कुर्सियों पर चले जाएं। देखने वालों को बातचीत नहीं करनी है, इतना सहयोग दें, वहां बैठ कर चुपचाप देखते रहें।

अब ये इतने लोग यहां अगर बैठे रहते तो एक उपद्रव का कारण था। जल्दी कर लें। इसमें भी सोच-विचार करना है क्या कि जाएं कि न जाएं?

दूसरी बात का खयाल रखें कि आपको काफी दूर-दूर फैल जाना चाहिए, जगह काफी है, तभी आप आनंद से नाच सकेंगे और लीन हो सकेंगे। दूर-दूर फैल जाएं, दूर-दूर फैल जाएं, बहुत पास खड़े न हों। यहां पास खड़े होने की कोई जरूरत नहीं है। महिलाएं दूर-दूर फैल जाएं, यह पास खड़े होना नहीं चलेगा। फासला लें थोड़ा। फासले पर हो जाएं, दूर-दूर फैल जाएं। और जो लोग देखने बैठे हैं, वे कृपा करके बातचीत नहीं करेंगे, चुपचाप देखते रहेंगे।

(पहले चरण में पंद्रह मिनट संगीत की धुन के साथ कीर्तन चलता रहता है।)

गोविंद बोलो, हरि गोपाल बोलो
गोविंद बोलो, हरि गोपाल बोलो
गोविंद बोलो, हरि गोपाल बोलो...
राधा रमण हरि गोपाल बोलो
राधा रमण हरि गोपाल बोलो
राधा रमण हरि गोपाल बोलो...

(दूसरे चरण में पंद्रह मिनट सिर्फ धुन चलती रहती है और भावों की तीव्र अभिव्यक्ति में रोना, हंसना, नाचना, चिल्लाना आदि चलता रहता है। तीस मिनट के बाद तीसरे चरण में ओशो पुनः सुझाव देना प्रारंभ करते हैं।)

शांत हो जाएं, शांत हो जाएं। बैठ जाएं, लेट जाएं या खड़े रहें, लेकिन बिलकुल

शांत हो जाएं। सब गति छोड़ दें, आवाज छोड़ दें। जो शक्ति जाग गई है उसे भीतर काम करने दें। आंख बंद कर लें। आंख खुली रहे तो शक्ति व्यर्थ चली जाती है। आंख बंद कर लें। जो शक्ति जाग गई है उसे भीतर काम करने दें। आंख बंद कर लें। क्लोज योर आइज, नाउ बी साइलेंट, नो मूवमेंट...शांत हो जाएं, बिलकुल शांत हो जाएं...शांत हो जाएं, आवाज छोड़ दें, हिलना-डुलना छोड़ दें, आंख बंद कर लें...

अब तीसरे चरण में प्रवेश करना है। अपने दाएं हाथ को माथे पर रख लें, दोनों ओर और ऊपर-नीचे आहिस्ता से रगड़ें। जो लोग पहली बार रगड़ रहे हों, वे जोर से रगड़ें। जो तीन दिन से रगड़ने का प्रयोग कर रहे हों, वे बहुत आहिस्ता से रगड़ें।

नाउ पुट योर राइट हैंड पाम ऑन दि फोरहेड बिट्वीन दि आइब्रोज एंड रब इट साइडवेज, अप एंड डाउन...फॉर वन मिनट रब इट, एंड मेनी थिंग्स विल बिगिन टु हैपन इन यू...बहुत कुछ भीतर होने लगेगा, रगड़ें, एक मिनट तक माथे पर हाथ से रगड़ते रहें...भीतर बहुत कुछ होने लगेगा, होने दें...

रब इट फॉर वन मिनट, सडनली ए डोर ओपन्स, अचानक ही कोई द्वार खुल जाता है और दूसरी दुनिया में प्रवेश हो जाता है...

ठीक है, अब हाथ छोड़ दें और मुर्दे की भांति हो जाएं...नाउ स्टॉप रबिंग, बी जस्ट एज इफ यू आर डेड...परमात्मा के द्वार पर गिर पड़े, उसकी मंदिर की सीढ़ियों के पास गिर गए सब छोड़ कर...उसकी मर्जी होगी भीतर उठा लेगा...सब छोड़ दें और मुर्दे की भांति हो जाएं...

भीतर प्रकाश ही प्रकाश फैल गया है...भीतर प्रकाश ही प्रकाश फैल गया है, अनंत प्रकाश...ऐसा प्रकाश जो कभी नहीं जाना...भीतर प्रकाश ही प्रकाश फैल गया है...इस प्रकाश में एक बूंद की भांति खो जाएं जैसे सागर में बूंद खो जाए...प्रकाश ही प्रकाश, प्रकाश ही प्रकाश...भीतर अनंत प्रकाश का सागर फैल जाएगा और उसमें खो गए...प्रकाश ही बचा, आप नहीं बचे...यू आर नॉट नाउ, ओनली दि लाइट रिमेन्स... लाइट, मोर लाइट, इनफिनिट लाइट...जस्ट ड्राप इन इट एंड बी वन विद इट...

डूबें, खो दें अपने को प्रकाश में और एक हो जाएं...प्रकाश ही प्रकाश का सागर रह गया और आप एक बूंद की तरह उसमें खो गए...

प्रकाश का एक सागर बचा है और उसमें खो गए...डूब जाएं, खो दें अपने को, बिलकुल लीन हो जाएं...प्रकाश ही प्रकाश शेष रह गया...प्रकाश ही प्रकाश शेष रह गया...छोड़ दें,,छोड़ दें, डूब जाएं, प्रकाश के साथ एक हो जाएं...प्रकाश ही प्रकाश है, प्रकाश ही प्रकाश है, बूंद की तरह खो जाएं...डू नॉट विदहोल्ड योरसेल्फ, ड्राप योरसेल्फ टोटली, बी वन विद दि लाइट दैट इज़ इन...

छोड़ें, छोड़ें, प्रकाश के साथ एक हो जाएं...और प्रकाश के पीछे ही आ जाता है आनंद और रोएं-रोएं में भर जाता है, जैसे झरना फूट पड़े हृदय के किसी कोने से और

आनंद की लहरें सब तन-मन में व्याप्त हो जाती हैं...एंड लाइट इज़ फालोड बाइ ब्लिस—ब्लिस डिवाइन...फील इट, फील इट...अनुभव करें, अनुभव करें आनंद का...आनंदित हों, अनुभव करें आनंद का...आनंदित हों, रोएं-रोएं तक तन-प्राण पर आनंद को फैल जाने दें...प्रकाश के पीछे-पीछे ही आता है आनंद और हृदय की धड़कन-धड़कन को भर जाता है...भर जाएं आनंद से, भर जाएं आनंद से, भर जाएं आनंद से...बी फिल्ड विद दिस ब्लिस, बी फिल्ड विद दिस ब्लिस...भर जाएं, भर जाएं, भर जाएं...कोई कोना शेष न रह जाए, सब तरफ आनंद से भर जाएं...प्रकाश के पीछे ही आता है आनंद—अपने आप, छाया की भांति...

आनंद, आनंद और आनंद ही शेष रह गया...आनंद को अनुभव करें...नहीं जाना जिस आनंद को—अनुभव करें, डूब जाएं, एक हो जाएं...आप मिट गए, आनंद ही शेष रह गया...आप शून्य हो गए और उस शून्य में आनंद ही भर गया...

नाउ यू आर नॉट, यू हैव बिकम ए नथिंगनेस एंड दि ब्लिस हैज फिल्ड इट, दि ब्लिस हैज फिल्ड दि नथिंगनेस...नाउ यू आर नॉट एंड दि ब्लिस हैज फिल्ड दि नथिंगनेस...नहीं बचे आप, शून्य हो गए और आनंद ही भर गया...भर जाएं, भर जाएं, भर जाएं, भर जाएं...जैसे कोई खाली घड़ा वर्षा में रखा हो और बूंदें उसमें भरती जाएं, भरती जाएं, ऐसे एक खाली घड़े हो गए और उसमें आनंद की वर्षा हुई जा रही है, आनंद भरता जा रहा है...

आनंदित हों, अनुभव करें, अनुभव करें, आनंद से भर जाएं, भर जाएं, भर जाएं...बी एन एंप्टी वेसल एंड लेट इट बी फिल्ड विद ब्लिस...खाली घड़े हो गए और आनंद से भरते जा रहे हैं...आनंदित हों, आनंद से भर जाएं...भर जाएं, जैसे खाली घड़े में वर्षा की बूंदें भरती जाती हैं, ऐसे खाली घड़े हो गए हैं और आनंद उसमें भरता जा रहा है...

अनुभव करें, आनंद को भरता हुआ अनुभव करें, रोएं-रोएं तक फैल जाने दें... और आनंद के पीछे ही परमात्मा की प्रतीति शुरू हो जाती है...आनंद के पीछे ही परमात्मा सब ओर मौजूद मालूम होने लगता है...आनंद द्वार खोल देता है परमात्मा के...अनुभव करें, परमात्मा चारों ओर मौजूद है...वही मौजूद है, सब ओर से उसी ने घेर रखा है, वही बाहर है, वही भीतर है...आनंद खोल देता है द्वार प्रभु के...उसकी निकटता को अनुभव करें...

फील दि प्रेजेंस ऑफ दि डिवाइन आल अराउंड...ब्लिस ओपन्स दि डोर...नाउ दि डोर इज़ ओपन, फील दि प्रेजेंस, फील दि प्रेजेंस ऑफ दि डिवाइन...प्रभु की उपस्थिति अनुभव करें...प्रभु की उपस्थिति अनुभव करें...चारों ओर वही है, चारों ओर वही है...अनुभव करें, परमात्मा चारों ओर से घेरे खड़ा है...यही मौका है, इस क्षण को न खोएं...अनुभव करें, स्पष्ट अनुभव करें, उसकी मौजूदगी अनुभव करें...वही आती श्वास में है, वही जाती श्वास में है...अनुभव करें, वही मौजूद है, परमात्मा ही मौजूद

है...आनंदित हों, उसकी मौजूदगी को अनुभव करें...परमात्मा चारों ओर से घेरे खड़ा है...वही मौजूद है, और कुछ भी नहीं है...

अब फिर से एक बार अपने हाथ को माथे पर रख लें। नाउ वंस मोर रब योर फोरहेड विद दि राइट हैंड पाम बिट्वीन दि आइब्रोज, रब साइडवेज, अप एंड डाउन। आजू-बाजू, ऊपर-नीचे। सिर पर हाथ की हथेली को रख लें माथे पर और रगड़ें। दोनों आंखों के बीच की जगह महत्वपूर्ण है, वहीं रगड़ें, वही तीसरी आंख की जगह है...

रब दि थर्ड आई स्पॉट बिट्वीन दि आइब्रोज, एंड ए डोर ओपन्स सडनली, एंड यू आर इन ए डिफरेंट वर्ल्ड...एक द्वार खुल जाता है अचानक और एक दूसरे लोक में प्रवेश हो जाता है...

रगड़ें...जो लोग नये हैं, वे जोर से रगड़ें। दोज हू आर न्यू, रब इट फोर्सफुली। जो लोग तीन दिन से, चार दिन से कर रहे हैं, वे आहिस्ता करें...

अब दोनों हाथ आकाश की ओर ऊपर उठा लें। आंखें खोल दें अचानक और आकाश को देखें। नाउ रेज़ योर बोथ हैंड्स टुवर्ड्स दि स्काई, सडनली ओपन दि आइज, नाउ सी दि स्काई एंड लेट दि स्काई सी यू...सडनली ओपन दि आइज, रेज़ योर बोथ हैंड्स, दोनों हाथ उठा लें, आकाश को देखें और आकाश को देखने दें आपके भीतर...

और अब अपने आनंद को प्रकट करें, नाउ एक्सप्रेस योर ब्लिस, जो भी भीतर अनुभव हो रहा है उसे प्रकट करें...नाउ बी मैड, कंप्लीटली मैड एंड एक्सप्रेस इन इट...बिलकुल पागल होकर, जो भीतर दबा है, उसे प्रकट हो जाने दें...जो कुछ भी भीतर हो रहा है उसे प्रकट होने दें...जो भी भीतर है उसे बह जाने दें, आनंद से प्रकट कर दें...रोकें नहीं, छिपाएं नहीं, जो भी भीतर है उसे प्रकट हो जाने दें...हंसना हो हंसें, रोना हो रोएं, चिल्लाना हो चिल्लाएं, नाचना हो नाचें, लेकिन दो मिनट के लिए पूरा प्रकट कर दें, जो भी भीतर है...डू नॉट विदहोल्ड, एक्सप्रेस इट कंप्लीटली...

अब दोनों हाथ जोड़ लें और परमात्मा के चरणों में सिर रख दें उसे धन्यवाद देने के लिए...अब दोनों हाथ जोड़ लें और परमात्मा के चरणों में सिर रख दें उसे धन्यवाद देने के लिए...आदमी से अकेले तो कुछ भी न होगा, आदमी अकेला काफी नहीं, परमात्मा की सहायता चाहिए, उसकी कृपा और अनुकंपा चाहिए...दोनों हाथ जोड़ लें, उसके चरणों में सिर रख दें और हृदयपूर्वक भीतर कहें: प्रभु की अनुकंपा अपार है, प्रभु की अनुकंपा अपार है, प्रभु की अनुकंपा अपार है, प्रभु की अनुकंपा अपार है।

उसे धन्यवाद दे दें: दाइ ग्रेस इज़ इनफिनिट, दाइ ग्रेस इज़ इनफिनिट, दाइ ग्रेस इज़ इनफिनिट। प्रभु की अनुकंपा अपार है, तेरी अनुकंपा अपार है, तेरी अनुकंपा अपार है, तेरी अनुकंपा अपार है।

अब दो-चार गहरी श्वास ले लें और ध्यान से वापस लौट आएं। दो-चार गहरी श्वास ले लें और ध्यान से वापस लौट आएं। हमारी सुबह की बैठक पूरी हो गई। दो-चार गहरी श्वास ले लें और ध्यान से वापस लौट आएं।

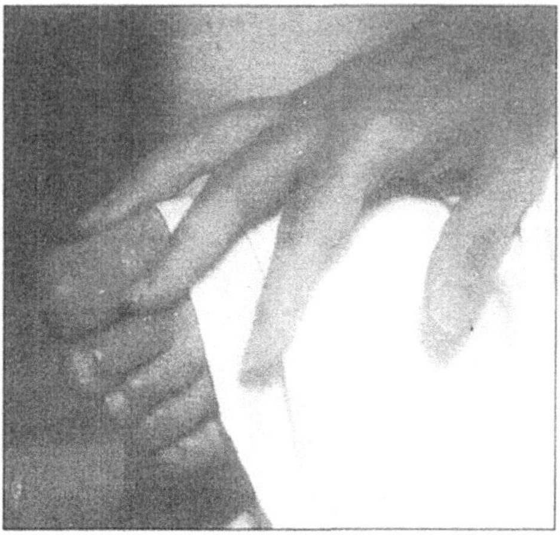

प्रवचन 6

ध्यान : प्रभु के द्वार में प्रवेश

प्रभु के द्वार में प्रवेश इतना कठिन नहीं है, जितना मालूम पड़ता है। सभी चीजें कठिन मालूम पड़ती हैं, जो न की गई हों। अपरिचित, अनजान कठिन मालूम पड़ता है। जिससे हम अब तक कभी संबंधित नहीं हुए हैं, उससे कैसे संबंध बनेगा, यह कल्पना में भी नहीं आता।

जो तैरना नहीं जानता है, वह दूसरे को पानी में तैरता देख कर चकित होता है। सोचता है बहुत कठिन है बात। जीवन-मरण का सवाल मालूम पड़ता है।

लेकिन तैरने से सरल और क्या हो सकता है! वस्तुतः तैरना कोई कला नहीं, सिर्फ पानी में गिरने के साहस का फल है। तैरना कोई कला नहीं है। पहली बार आदमी गिरता है तो भी हाथ-पैर तड़फड़ाता है, थोड़े अव्यवस्थित होते हैं। दो-चार दिन के बाद थोड़ी व्यवस्था आ जाती है। उसी को हम तैरना कहने लगते हैं। और जब तैरना आपको आ जाता है, तब आप भलीभांति जानते हैं कि यह भी कोई सीखने जैसी बात थी!

इसीलिए तैरने को कोई कभी भूल नहीं सकता। जो भी चीज सीखी जाती है, वह भूली जा सकती है। लेकिन तैरने को कोई भूल नहीं सकता। असल में, उसे हम सीखते नहीं, जानते ही हैं। सिर्फ साहस हो तो उसका उदघाटन हो जाता है। जो भी चीज सीखी जाती है, दैट व्हिच इज़ लर्न्ड, कैन बी अनलर्न्ड। लेकिन तैरना एक ऐसी चीज है कि एक बार जान लेने के बाद आप पचास साल तक न तैरें और फिर आपको पानी में कोई फेंक दें, आप तैरने लगेंगे। उसे आप भूल नहीं सकते। उसे भूलने का कोई उपाय नहीं है।

लेकिन अगर सीखा होता तो भूला जा सकता था। सीखा ही नहीं है, हाथ-पैर तड़फड़ाना सभी को मालूम है। थोड़ी हिम्मत हो और पानी में कूद जाना हो जाए, तो हाथ-पैर तड़फड़ाना आ जाता है। फिर दो-चार दिन हिम्मत बढ़ती जाती है, मरने का डर कम होता जाता है, और आदमी व्यवस्थित हो जाता है।

ठीक ध्यान भी ऐसी ही चीज है। जब तक आपको पता नहीं, तब तक लगता है बड़ा कठिन है। सीखने का भी कुछ नहीं है, सिर्फ साहस की ही जरूरत है और कूद जाने की बात है। थोड़ा हाथ-पैर तड़फड़ाएंगे, दो-चार दिन में व्यवस्थित हो जाता है। और जब व्यवस्थित हो जाता है तो दुबारा आप भूल नहीं सकते। और एक बार आ जाए तो फिर हैरानी होती है कि इतनी सरल बात और इतने जन्मों तक क्यों न आ सकी?

लेकिन साहस की हममें है बड़ी कमी।

सुना है मैंने कि मुल्ला नसरुद्दीन पहली दफा तैरना सीखने गया था नदी के किनारे। दुर्भाग्य से पैर फिसल गया और वह पानी में गिर गया। इसके पहले कि उसका गुरु उसे सिखाना शुरू करता, वह दो-चार डुबकी खा गया। बाहर निकाला गया। उसने किनारे पर खड़े होकर कसम खाई कि अब जब तक तैरना न सीख लूं, पानी के पास कदम न रखूंगा।

फिर जन्मों-जन्मों तक तैरना नहीं हो सकता। क्योंकि तैरना भी सीखना हो तो पानी में कदम रखना जरूरी है। इसलिए कोई कहता हो कि पहले तैरना सीख लेंगे, फिर पानी में कदम रखेंगे। तर्कयुक्त मालूम पड़ती है बात कि जब तैरना नहीं आता तो पानी से बचना चाहिए। और पानी में कदम नहीं रखना भूल कर, जब तक तैरना न आ जाए। लेकिन तैरना सीखने के लिए भी पानी में ही उतरना पड़ता है। इसलिए ध्यान रखें, जिसे तैरना नहीं आता, उसे भी पानी में उतरना ही पड़ेगा, ताकि तैरना आ जाए। और अगर आपने नियम बना लिया कि पहले तैरना सीख लेंगे, फिर पानी में उतरेंगे, तो आप कभी न तैरना सीख पाएंगे और न कभी पानी में उतर पाएंगे।

एक मित्र कल आए थे, वे कहते थे कि पहले मैं संन्यास का अभ्यास करूंगा। फिर बाद में संन्यास ले लेंगे।

संन्यास का कैसे अभ्यास करिएगा बिना संन्यास लिए? नदी की रेत में तैरना सीखिएगा? अभ्यास के पहले भी छलांग लेनी पड़ती है, तो ही अभ्यास हो सकता है। और कहीं न कहीं तो छलांग लेनी ही पड़ती है। छलांग का अर्थ आपको कह दूं।

छलांग का अर्थ होता है कि आपके मन की जो कंटिन्युटी है, जो सातत्य है अब तक का, अगर उसमें ही जुड़ने वाली किसी कड़ी को आप बनाते हैं, तो वह छलांग नहीं है। दैट इज़ सिंपली ए कंटिन्युटी ऑफ दि ओल्ड। वह जो पुराना मन है, दस तक आ गया था, आप ग्यारहवां और जोड़ देते हैं कदम। वह उसी का सिलसिला है, उसमें छलांग नहीं है। लेकिन एक आदमी का जो मन है आज तक का, उस मन के जो तर्क हैं, उस मन की जो व्यवस्था है, उस सबको तोड़ कर आदमी एक ऐसा कदम उठाता है, जो उसका मन राजी भी नहीं होता था। जो उसका मन कहता था, बिलकुल गलत है! जो उसका मन कहता था, कैसे अंधेरे में कूद रहे हो, अनजान में कूद रहे हो, मेरी सुनो। जिस कदम के प्रति उसका मन सब तरह की बाधाएं डाल रहा था, उस कदम को उठा लेने का नाम छलांग है। छलांग का अर्थ है: डिसकंटिन्युअस, आपके पुराने मन से उसका कोई सातत्य, शृंखला नहीं है।

ध्यान एक छलांग है। आपका मन सब तरह की बाधाएं डालेगा, अपने पुराने अनुभव के आधार पर सब तरह की रुकावटें डालेगा। और उसकी रुकावटों की वजह से वह जो तर्क देगा, वे तर्क ऐसे होंगे कि—मैंने सुना है कि मुल्ला नसरुद्दीन एक दिन सुबह से बैठा अपने बैठकखाने में, दोपहर होने के करीब आ गई, कोई मरीज न आया। कोई मिलने वाला न आया। एक-दो बार उसने अपने नौकर महमूद से कहा कि आज बात क्या है, क्या गांव में कोई मरीज न रहा? ऐसा तो कभी नहीं होता! आज किसी मिलने वाले का भी कोई पता नहीं, किसी ग्राहक का भी कोई पता नहीं। कोई सत्संग करने वाला भी नहीं आया।

सांझ होने लगी, फिर भी कोई नहीं आया। रात भी हो गई, फिर भी कोई नहीं आया। रात के बारह बज गए, तब मुल्ला ने अपने नौकर को कहा कि जा, बाहर का दरवाजा बंद कर आ। अब और प्रतीक्षा करनी व्यर्थ है, अब हम सोने चलें।

नौकर गया बाहर और क्षण भर में वापस लौट आया। नसरुद्दीन ने कहा, इतनी जल्दी तू दरवाजा बंद कर आया?

नौकर ने कहा, मालूम होता है सुबह हम दरवाजा खोलना ही भूल गए। दरवाजा बंद ही है।

लेकिन दिन भर यह खयाल न आया कि दरवाजा बंद भी हो सकता है। लोग नहीं आए, तो क्यों नहीं आए, यह वह विचार करता रहा नसरुद्दीन। आज कोई बीमार ही न पड़ा होगा, संयोग की बात है। वह सब सोचता रहा। लेकिन दरवाजा भी बंद हो सकता है।

हम जिस मन में बैठे हुए हैं, उसका दरवाजा बंद है परमात्मा की तरफ। हम सब तर्क लगाते हैं कि क्यों आज तक उसकी अनुभूति नहीं हुई? तो सोचते हैं: दुष्कर्म किए होंगे, पाप किए होंगे, अपने भाग्य में न होगा, उसकी कृपा न होगी। सब जमाने भर के तर्क आदमी बैठ कर सोचता रहता है, लेकिन वही, कभी उठ कर नहीं देखता कि कहीं ऐसा तो नहीं है कि दरवाजा ही बंद हो जहां से वह आ सकता है!

हमने हजारों तर्क ईजाद किए हैं, इस बात को छिपाने के लिए कि दरवाजा बंद है। आपने कितने ही पाप किए हों, आप इतने पाप कभी नहीं कर सकते कि परमात्मा की कृपा से आप वंचित हो जाएं। आदमी की सामर्थ्य नहीं है इतने पाप करने की। परमात्मा की कृपा से वंचित होने योग्य पाप कोई आदमी कभी नहीं कर सकता। उसकी कृपा सदा ही आपके पाप की सामर्थ्य से ज्यादा है। तो इस भ्रम में आप मत रहना कि बहुत पापों के कारण उससे मिलन नहीं हो रहा है। इस भ्रम में भी मत रहना कि आपके भाग्य में ही नहीं है। क्योंकि अगर कोई चीज आपके भाग्य में निश्चित है, नियति है, डेस्टिनी है, तो वह परमात्मा से मिलन है। बाकी सब चीजें एक्सीडेंटल हैं।

एक मकान बनेगा कि नहीं बनेगा, धन मिलेगा कि नहीं मिलेगा, इज्जत पाएंगे कि नहीं पाएंगे, सब एक्सीडेंट से है। एक बात नियति है, जो कि होकर ही रहेगी, चाहे आप जन्म-जन्म टालते रहें, लेकिन होकर ही रहेगी, वह प्रभु से मिलन है।

तो आपके भाग्य में कोई बाधा नहीं है, सिर्फ एक ही कठिनाई है कि आप कभी उस दरवाजे की तरफ नहीं देखते जो बंद है।

उस बंद दरवाजे को खोलने के लिए ही ध्यान है। और वह दरवाजा इतने दिन से बंद है कि थोड़े धक्के मारने पड़ेंगे। जंग खा गया होगा, जन्मों-जन्मों से बंद है। शायद दरवाजा भी भूल गया होगा कि मैं खुल सकता हूं। और आप भी भूल गए होंगे कि यह दरवाजा है। क्योंकि जिसे कभी खुलते न देखा हो, उसमें और दीवाल में फर्क क्या मालूम पड़ता है! तो थोड़े धक्के मारने पड़ेंगे। थोड़ी चेष्टा करनी पड़ेगी। थोड़ा गहन, तीव्र प्रयास करना पड़ेगा। यही हम यहां इस छोटे से प्रयोग में कर रहे हैं। यह छोटा सा प्रयोग है, अगर आप न करें; यह महान प्रयोग हो जाएगा, अगर आप कर लें।

जो मित्र देखने आ गए हों, उनके लिए कुर्सियों पर स्वागत है। वहां कुर्सियां इसीलिए रखी हैं। जो देखने आ गए हों, वे कुर्सियों पर चले जाएं। ईमानदारी से चले जाएं।...

(इसके बाद एक घंटे तक ओशो के सुझावों के साथ ध्यान-प्रयोग चलता रहा।)

प्रवचन 7

ध्यान : प्रकाश का जगत

एक मित्र ने पूछा है : जब आप ध्यान में कहते हैं कि प्रकाश के सागर में डूब जाएं, तो हमें तो यही पता चलता रहता है कि जमीन पर पड़े हैं, तो सागर में कैसे डूब जाएं?

निश्चित ही पता चलता रहेगा कि आप जमीन पर पड़े हैं, अगर आपने इससे पहले के दो चरणों में पूरा श्रम नहीं उठाया। यदि पहले चरण में आप अपने को बचा कर कीर्तन करते रहे हैं, अगर कीर्तन में पूरे नहीं डूबे; अगर कीर्तन के बाद पंद्रह मिनट में, जब आपको कहा है कि आप अब कीर्तन की धुन पर सवार हो जाएं, अगर उस पर सवार नहीं हुए, अगर उस लहर में बहे नहीं, तो तीसरे चरण में आप पाएंगे कि आप जमीन पर ही पड़े हैं।

लेकिन इसमें जमीन का कोई कसूर नहीं है। इसमें आपका ही कसूर है। आपने अगर पहले दो चरणों में शरीर को छोड़ने की हिम्मत नहीं दिखाई, तो जमीन पर पड़े हैं, इसका अर्थ ही यही है कि आप शरीर से ज्यादा अपने को जरा भी अनुभव नहीं कर रहे हैं। और कोई अर्थ नहीं है। आप शरीर हैं तो जमीन का अनुभव होगा, अगर आप शरीर से भिन्न कुछ भी हो जाएं तो तत्काल जमीन भूल जाएगी। क्योंकि जमीन का जो ग्रेविटेशन है, जो कशिश है, जो आकर्षण है, वह शरीर से ज्यादा नहीं जाता है। जब तक आपका ऐसा अनुभव है कि मैं शरीर हूं, तब तक जमीन का आपको अनुभव होगा। जैसे ही आपको अनुभव होगा कि मैं शरीर नहीं हूं, अगर जरा सा भी हिस्सा आपके भीतर मुक्त हो जाए शरीर से, तो उतना हिस्सा प्रकाश के सागर में डूब जाएगा।

आपकी कठिनाई मैं समझा। लेकिन इसका इतना ही अर्थ है कि आप पहले और दूसरे चरण में और हिम्मत लगाएं। जमीन खो जाएगी, शरीर के खोते ही। जब तक शरीर का स्मरण है, तब तक जमीन का स्मरण है। क्योंकि जमीन का ही हिस्सा है शरीर।

जमीन का ही एक टुकड़ा है। कल तक जमीन में था, कल फिर जमीन में मिल जाएगा। आप जब तक शरीर हैं, तब तक पृथ्वी बड़ी महत्वपूर्ण है। और जैसे ही आप शरीर न रहे कि परमात्मा महत्वपूर्ण हो जाता है। जैसे जमीन की कशिश, जमीन का ग्रेविटेशन, आकर्षण शरीर को खींचता है, वैसे ही परमात्मा की ग्रेस, उसका आकर्षण आत्मा को खींचता है। आप कौन हैं, इस पर निर्भर करेगा कि कौन सी कशिश आप पर काम करेगी। अगर आप शरीर हैं, तो जमीन काम करेगी। अगर आप आत्मा हैं, तो परमात्मा काम शुरू कर देगा। दो चरण पहले इसीलिए हैं कि आप शरीर को भूल पाएं।

लेकिन आप भूल नहीं पाते। एक मित्र आए हैं, वे कहते थे मुझसे कि अगर कहीं थक गए तो? अगर ज्यादा मेहनत की और थक गए तो?

थक ही जाएंगे तो क्या बिगड़ जाएगा? एक-दो घंटे विश्राम कर लेना। अगर थक भी गए तो क्या बिगड़ जाने वाला है? दो घंटे विश्राम कर लेना। एक-दो घंटे ज्यादा सो जाना आज।

शरीर को बचा कर चलेंगे तो जमीन बच रहेगी। आखिर में आप पाएंगे जमीन पर पड़े हैं। सागर का आपको पता नहीं चल पाएगा—जिस प्रकाश के सागर की मैं बात कर रहा हूं।

और दूसरा सवाल पूछा है कि आप कहते हैं, प्रकाश की छाया होकर आनंद आता है, आनंद के पश्चात परमात्मा चारों ओर दिखाई पड़ता है। किस प्रकार का यह आनंद है और परमात्मा का रूप किस प्रकार का है? क्या जो रूप हम मंदिर में देखते हैं वही?

प्रकाश का अनुभव न होगा तो आनंद का अनुभव नहीं हो पाएगा। एक क्रमिक गति है अंतर्यात्रा में, उसके पड़ाव हैं। प्रकाश का अनुभव न होगा...

यह उन्हीं मित्र का सवाल है जिन्होंने पूछा है कि जमीन पर पड़ा हुआ अनुभव होता हूं, कोई प्रकाश दिखाई नहीं पड़ता।

तो पहले तो प्रकाश की फिक्र करें। अभी आनंद की चिंता न करें। और परमात्मा दूर है। पहले प्रकाश की ही फिक्र करें। पहले शरीर को ही छोड़ने की चिंता करें, तो जमीन छूट जाए। और शरीर के छूटते ही प्रकाश हो जाता है।

अगर ठीक से समझें तो शरीर में होना ही अंधकार है। आध्यात्मिक अर्थों में, टु बी इन दि बॉडी, टु बी दि बॉडी, इज़ डार्कनेस। शरीर में होना, शरीर होना ही अंधकार है। शरीर बड़ा घना अंधकार है। शरीर से छूटते ही प्रकाश की यात्रा शुरू हो जाती है, प्रकाश फूटना शुरू हो जाता है। और जिस क्षण पता चलता है कि शरीर है ही नहीं, उसी क्षण प्रकाश का सागर हो जाता है। सब सीमाएं टूट जाती हैं शरीर के साथ। शरीर ही सीमा है। और फिर जो प्रकाश अनुभव होता है, वह असीम है, अनंत है। उसकी कोई सीमा और ओर-छोर नहीं है। वह कहीं समाप्त नहीं होता और कहीं प्रारंभ भी नहीं होता।

लेकिन पहले शरीर से मुक्त होने की चेष्टा करें, फिर प्रकाश का अनुभव सहज ही होगा। और प्रकाश का अनुभव जब गहन होता है, तो प्रकाश की ही गहनता एक सीमा पर आनंद बन जाती है। इनटेंसिटी ऑफ लाइट बिकम्स ब्लिस। आनंद कोई और चीज नहीं है, प्रकाश जब बहुत सघन हो जाता है तो आनंद बन जाता है। प्रकाश की सघनता ही आनंद बन जाती है। अंधकार की सघनता ही दुख है।

इसलिए मृत्यु बहुत घबड़ाती है हमें। क्योंकि मृत्यु में गहनतम अंधकार हमें घेरता है, सघन अंधकार हमें घेरता है। इसलिए मृत्यु दुख जैसी प्रतीत होती है।

बीमारी में आप घबड़ाते हैं। शायद आपने सोचा न होगा कि बीमारी में इतनी घबड़ाहट क्या है? जितने आप बीमार होते हैं, उतने ज्यादा शरीर हो जाते हैं। क्योंकि बीमारी में शरीर की स्मृति सघन हो जाती है। अगर आपके सिर में दर्द होता है तो ही सिर का पता चलता है। अगर सिर में दर्द नहीं होता तो सिर का पता ही कहां चलता है! अगर पैर में तकलीफ होती है तो पैर का बोध होता है। अगर पैर में तकलीफ नहीं होती तो पैर का बोध भी नहीं होता।

संस्कृत में जो शब्द है 'वेदना' दुख के लिए वह बहुत अदभुत है। दुनिया की किसी भाषा में वैसा शब्द नहीं है। वेदना के दो अर्थ होते हैं। वेदना का एक अर्थ तो होता है ज्ञान, क्योंकि वह वेद से ही बना है। और दूसरा अर्थ होता है दुख। दुख में ही ज्ञान होता है आपको शरीर का, अन्यथा कभी ज्ञान नहीं होता। जो पूर्ण स्वस्थ व्यक्ति है उसे शरीर का पता ही नहीं चलता है कि शरीर है। पूर्ण स्वस्थ व्यक्ति विदेह की अवस्था में होता है, बॉडीलेसनेस में होता है।

इसलिए हमारा शब्द 'स्वस्थ' भी बहुत अदभुत है। स्वस्थ का मतलब है : स्वयं में स्थित। अंग्रेजी का शब्द 'हेल्थ' उसका अनुवाद नहीं हो सकता। स्वस्थ का अर्थ है : स्वयं में स्थित। जब कोई व्यक्ति पूर्ण स्वस्थ होता है तो शरीर बिलकुल भूल जाता है।

शरीर का पता चलने के लिए बीमारी जरूरी है। तो जितनी ज्यादा बीमारी होती है, शरीर का उतना पता चलता है। और शरीर का जितना पता चलता है, उतना आदमी अस्वस्थ होता है, स्वयं के बाहर हो जाता है। फिर स्वयं में नहीं ठहरा रह सकता। अगर पैर में एक कांटा गड़ रहा है, तो जहां कांटा गड़ता है, सारी आत्मा वहीं इकट्ठी हो जाती है। बीमारी से इसीलिए दुख मिलता है।

लेकिन जो व्यक्ति बीमारी में भी स्वस्थ रह सके, स्वयं में स्थित रह सके, बीमारी से उसे दुख नहीं मिलता। क्योंकि बीमारी फिर अंधकार नहीं ला सकती। अंधकार शरीर में केंद्रित होने से ही पैदा होता है। और जो व्यक्ति बीमारी में स्वस्थ रह सके, वह मृत्यु में भी स्वस्थ रह सकेगा। फिर मृत्यु भी अंधकार नहीं ला सकती। क्योंकि जो व्यक्ति स्वयं में स्थित है, वह परम प्रकाश में है। अंधकार का वहां उपाय नहीं।

शरीर अंधकार है। और शरीर का जितना गहन बोध होता है, उतना ही दुख पैदा होता है। आत्मा प्रकाश है। इसलिए जितना ही प्रकाश की तरफ हम यात्रा करते हैं,

उतना ही दुख विसर्जित होता है। और जब दुख पूरा विसर्जित हो जाता है, तो जो शेष रह जाता है उसका नाम आनंद है।

इसलिए बुद्ध ने तो आनंद शब्द का उपयोग भी नहीं करना पसंद किया। वे तो कहते थे: दुख-निरोध। कहते थे, इतना ही काफी है—निगेशन ऑफ मिजरी। आनंद शब्द का ही उपयोग नहीं किया, क्योंकि उसकी करने की कोई जरूरत नहीं है। इतना भी कहना काफी है कि जहां अंधकार नहीं है। बस बात काफी हो गई। प्रकाश को कहने की भी जरूरत नहीं है।

बुद्ध ने आत्मा शब्द का भी उपयोग नहीं किया। इतना ही कहा—जहां देह नहीं है। उसके कहने की कोई जरूरत नहीं है। क्योंकि वह उसका दूसरा अनिवार्य हिस्सा है। जहां देह नहीं अनुभव होती, वहां जो अनुभव होता है वह आत्मा है।

जहां दुख, अंधकार अनुभव नहीं होता, वहां जो अनुभव होता है वह आनंद है। प्रकाश की सघनता आनंद है।

ऐसे भी, बाहर के जगत में भी प्रकाश की सघनता के साथ ही प्रफुल्लता अवतरित होती है। और अंधकार की सघनता के साथ ही उदासी सघन हो जाती है। बाहर के जगत में भी। सांझ रात उतरती है, वृक्ष के पत्ते सिकुड़ जाते हैं, फूल बंद हो जाते हैं, प्राण संकुचित हो जाते हैं, सारा जगत तंद्रा में लीन हो जाता है, उदास हो जाता है, मुरझा जाता है, मूर्च्छित हो जाता है। सुबह सूरज निकलता है, वृक्षों के पत्ते पुनरुज्जीवित हो जाते हैं, कलियां खिल पड़ती हैं, पक्षी गीत गाने लगते हैं। जीवन फिर सजग हो जाता है। सब जगह जीवन करवट लेकर फिर जाग जाता है।

बाहर के जगत में भी प्रकाश और जीवन संयुक्त हैं, अंधेरा और मृत्यु; अंधेरा और नींद, प्रकाश और जागरण। भीतर के जगत में भी ऐसा ही है। जब हम भीतर के प्रकाश को उपलब्ध होते हैं तो परम जागृति और परम आनंद को उपलब्ध होते हैं। प्रकाश की सघनता आनंद बन जाती है। और आनंद जब सघन होता है तो परमात्मा की उपस्थिति अनुभव होती है।

इसे ऐसा समझें, जब दुख सघन होता है तो पदार्थ की अनुभूति होती है। इसलिए दुखी आदमी शरीर-बोध से भर जाता है। और शरीर-बोध से भरा हुआ आदमी पदार्थों की तलाश में निकल पड़ता है। इकट्ठा करता चला जाता है चीजों को। उसका पदार्थ-बोध भारी हो जाता है। वह अपने को बेच सकता है, चीजों को नहीं। वह चीजें पाने के लिए अपने को बेच सकता है। वह अपने को रिक्त कर लेता है, लेकिन घर में सामान बढ़ाता चला जाता है। जब भी कोई आदमी वस्तुओं के पीछे पागल होता है तो वह इस बात की खबर देता है कि उसका शरीर-बोध इतना सघन हो गया है कि अब पदार्थ के अतिरिक्त कोई चीज उसके लिए मूल्यवान नहीं।

ठीक इससे उलटी घटना घटती है, जब आनंद सघन होता है, प्रगाढ़ होता है, कनसनट्रेटेड होता है, तब जो प्रतीति होनी शुरू होती है, उस प्रतीति का नाम परमात्मा

की उपस्थिति है। उस परमात्मा का आपके मंदिर में रखी हुई मूर्तियों से उतना ही लेना-देना है, जितना अग्नि शब्द से अग्नि का, जितना भोजन शब्द से भोजन का, जितना आंख शब्द से आंख का। वह जो मंदिर में प्रतिमा रखी है, वह प्रतीक मात्र है।

अग्नि शब्द से अग्नि पैदा नहीं होती। और आप कितना ही चिल्लाएं—आग, आग, आग—कोई आग पैदा नहीं होती। फिर भी आग शब्द का आग से संबंध है। और आग पैदा बिलकुल नहीं होती। फिर भी संबंध है, प्रतीक का संबंध है, सिंबल का संबंध है। अभी यहां कोई जोर से चिल्ला दे—आग लग गई! तो कुछ लोग भागना तो शुरू कर देंगे। आग लगी हो, न लगी हो। और जब कुछ लोग भागना शुरू करेंगे तो और भी कुछ लोग भागना शुरू कर देंगे। और अगर आस-पास धुआं भी दिखाई पड़ जाए, चाहे आग न भी लगी हो, तो भी भगदड़ तो हो जाएगी। आग शब्द भी आपको दौड़ा तो सकता ही है।

और मरुस्थल में आप भटक रहे हों और प्यास लगी हो, तो पानी शब्द से प्यास नहीं बुझती। लेकिन कोई कह दे—घबड़ाओ मत, बस मील भर के फासले पर पानी है। तो भी 'पानी' प्यास को थोड़ा हलका और धीमा कर जाता है—शब्द। घबड़ाहट कम हो जाती है। भला मील भर पर पानी न हो।

तो शब्द तो शब्द ही है, यथार्थ नहीं है, लेकिन फिर भी काम करता है। वह जो मंदिर की मूर्ति है, वह परमात्मा नहीं है। कोई मूर्ति परमात्मा नहीं है। लेकिन कोई भी मूर्ति परमात्मा की तरफ इशारा बन सकती है।

तो जब आप इस सघन अनुभव को उपलब्ध होंगे तो किसी मंदिर की मूर्ति आपको नहीं दिखाई पड़ेगी। और दिखाई पड़ती हो तो आप समझना कि आप अभी मन के ही विचारों में खोए हुए हैं। अभी आप उस सघन अनुभूति के पास नहीं पहुंचे जो प्रकाश के कंडेंस होने से उपलब्ध होती है, आनंद के कंडेंस होने से उपलब्ध होती है। उस अनुभूति पर आप नहीं पहुंचे।

उस क्षण में क्या होगा? पूछा है मित्र ने कि मैं कुछ बताऊं कि उस क्षण में कैसा परमात्मा का अनुभव होगा?

वह नहीं बताया जा सकता। और बताऊंगा तो फिर वह कोई प्रतीक बन जाएगा। और उसका अनुभव नहीं होना चाहिए। प्रतीक का अनुभव वहां नहीं होना चाहिए।

जब कोई पानी पीता है तो पानी शब्द का कोई अनुभव होता है? जब कोई पानी पीता है तो पानी शब्द का कोई अनुभव होता है? जैसा भाषाकोश में 'पानी' को देखा था, वैसा कोई अनुभव होता है? जब कोई घोड़े पर सवार होकर दौड़ता है, तो भाषाकोश में जो 'घोड़ा' लिखा था वैसा कोई अनुभव होता है? जब कोई अस्तबल में जाकर घोड़े को देखता है, तो भाषाकोश में 'घोड़े' शब्द को देखा था वैसा कोई अनुभव होता है? नहीं होता। उससे कोई लेना-देना नहीं है। फिर भी अस्तबल तक जाने में घोड़ा शब्द सहयोगी हो सकता है। घोड़े को पहचानने में भी घोड़ा शब्द सहयोगी हो सकता है।

उस क्षण में परमात्मा की कैसी उपस्थिति अनुभव होगी, इसे कहना कठिन है। इसे अब तक नहीं कहा जा सका और कभी नहीं कहा जा सकेगा।

प्रकाश के अनुभव को हम थोड़ा समझ सकते हैं, क्योंकि बाहर हमने प्रकाश को देखा है। कुछ इससे मिलता-जुलता, यद्यपि बहुत भिन्न, भीतर अनुभव होगा। आनंद शब्द को हम थोड़ा समझ सकते हैं, क्योंकि दुख हमने देखा है, उससे कुछ विपरीत घटित होगा। लेकिन परमात्मा शब्द को हम बिलकुल ही नहीं समझ सकते हैं, यह शब्द मनुष्य की भाषा में सबसे ज्यादा बेबूझ शब्द है। क्योंकि हमने न परमात्मा से मिलती-जुलती कोई चीज देखी है और न परमात्मा से विपरीत कोई चीज देखी है। परमात्मा से विपरीत कुछ हो नहीं सकता, क्योंकि सभी में वह छिपा है। और परमात्मा के समान भी कोई नहीं हो सकता, क्योंकि वह अकेला ही है। इसलिए उसे तो अनुभव से ही जानना होगा।

और अच्छा है यही कि हम उस संबंध में कुछ भी न कहें। प्रकाश को समझ लें, उसको सघन करें। आनंद को समझ लें, उसे सघन करें। परमात्मा को छोड़ दें। और जैसे ही आनंद सघन होगा, आप अचानक उस जगह पहुंच जाएंगे, जहां उसका परम साक्षात है। न कोई मूर्ति होगी वहां, न कोई आकृति होगी वहां। वहां होगी सिर्फ अनुभूति। ठीक होगा यह कहना कि वहां हमें परमात्मा की उपस्थिति का अनुभव नहीं होता, बस एक उपस्थिति का अनुभव होता है जिसे हम परमात्मा का नाम देते हैं।

थोड़ा जटिल है। इट इज़ नॉट दैट वी फील दि डिवाइन प्रेजेंस, रादर इट इज़ ए प्रेजेंस व्हिच वी काल डिवाइन। कोई मौजूद होता है, जिसे हम परमात्मा कहते हैं। कुछ! 'कोई' भी कहना शायद ठीक नहीं। कुछ मौजूद होता है, जिसे हम पीछे लौट कर परमात्मा कहते हैं। वह परमात्मा की मौजूदगी नहीं है। क्योंकि परमात्मा की मौजूदगी कहना गलत है। जो कभी गैर-मौजूद न हो सकता हो, उसकी मौजूदगी कहने का कोई अर्थ नहीं है। जो सदा ही मौजूद है; जो कभी गैर-मौजूद हुआ ही नहीं।

आप कह सकते हैं कि मैं यहां मौजूद हूं, क्योंकि घड़ी भर पहले मैं मौजूद नहीं था और घड़ी भर बाद फिर मौजूद नहीं रह जाऊंगा। लेकिन जो यहां मौजूद है ही, उसकी मौजूदगी कहने का कोई अर्थ नहीं होता।

लेकिन उस तक तो जाना पड़े। उसमें तो प्रवेश करना पड़े।

आप पहले चरणों का खयाल रखें, अंतिम मंजिल को भूल जाएं। वह याद रखने के लिए नहीं है। वह जानने के लिए है। अगर आपने पहले चरण पूरे किए हैं, तो वह अंतिम घटना घटती ही है। उसकी आप चिंता छोड़ दें सकते हैं।

कोई मित्र सिर्फ देखने आ गए हों, तो वे कुर्सियों पर चले जाएं—चुपचाप, जल्दी से।...

(इसके बाद एक घंटे तक ओशो के सुझावों के साथ ध्यान-प्रयोग चलता रहा।)

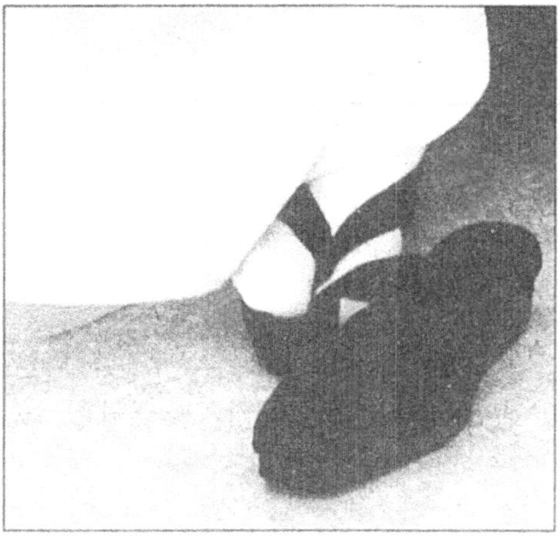

प्रवचन 8

ध्यान : मन की मृत्यु

थोड़े से सवाल हैं। एक मित्र ने पूछा है कि सुबह के ध्यान में शरीर बिलकुल ही गायब हो जाता है। और जो बचता है वह बहुत विशाल, ओर-छोर से परे लगता है। पर ध्यान के बाद शेष दिन में शरीर का बोध फिर शुरू हो जाता है, फिर क्षुद्र शरीर का अनुभव होने लगता है। तो क्या यह सब अहंकार की ही लीला है?

इस संबंध में तीन बातें खयाल में लेनी चाहिए। एक तो ध्यान में जैसे ही गहराई बढ़ेगी, शरीर तिरोहित हो जाएगा। या कभी-कभी बहुत विशाल हो जाएगा। या कभी ऐसा भी हो सकता है कि बहुत क्षुद्र, बहुत छोटा भी हो जाएगा; जितना है उससे भी छोटा मालूम पड़ेगा। शरीर की प्रतीति मन पर निर्भर है। यदि मन बहुत फैल जाता है तो शरीर फैला हुआ मालूम पड़ने लगता है। मन अगर बहुत सिकुड़ जाता है तो छोटा मालूम पड़ने लगता है। शरीर की सीमा वस्तुतः मन की सीमा से ही प्रतीत होती है। यह अनुभव सिद्ध है। और अहंकार की लीला नहीं है, ध्यान का परिणाम है।

लेकिन ध्यान के बाद स्वाभाविक है कि फिर शरीर जितना था उतना ही मालूम पड़ने लगे। इसमें चिंतित होने की कोई भी बात नहीं है। जिन मित्रों को ऐसा हो रहा हो, दिन में जब भी उन्हें सुविधा मिले, एक-दो क्षण को भी, तो आंख बंद कर लें और पुनः शरीर के विराट होने को अनुभव करते रहें। दिन में दो-चार बार अनुभव करें। रात सोते समय पुनः अनुभव कर लें। सुबह उठते वक्त पुनः दो क्षण। जिसको भी ऐसा अनुभव हो रहा है, वह आंख बंद करते ही पुनः अनुभव कर सकेगा।

इसका परिणाम यह होगा कि धीरे-धीरे आपको यह पता चलेगा कि शरीर मन का ही खेल है। उसका छोटा होना, बड़ा होना, जवान होना, बूढ़ा होना, जन्मना, मरना, सब मन का ही खेल है। और जब शरीर इतने रूप बदल सकेगा आपके समक्ष, तो शरीर के

साथ जो तादात्म्य है, आइडेंटिटी है, वह टूट जाएगी। तब आप अपने को शरीर न मान सकेंगे। जो शरीर इस भांति, स्वप्न की भांति छोटा और बड़ा, मिटता और बन जाता है, उस शरीर के साथ आप अपने को एक न मान सकेंगे। बल्कि शरीर की जो फिक्स्ड फॉर्म है, शरीर का जो सुनिश्चित रूप हमने बना रखा है, वह धीरे-धीरे डगमगा जाएगा। और आपके ऊपर से फिक्सेशन, बॉडी फिक्सेशन, जो शरीर का ठोस रूप बैठ गया है, वह पिघल कर गिर जाएगा। और धीरे-धीरे आप अपने को अशरीरी अनुभव करने लगेंगे। अशरीरी अनुभव करने के पहले शरीर के बहुत रूपों का अनुभव बहुत सहयोगी है।

अभी आप शरीर के एक ही रूप को जानते हैं, जो आपके भौतिक शरीर की रूप-रेखा है। उससे आपने अपने को एक कर रखा है। यदि दिन में आपको दस-पांच बार ऐसा होता रहे कि शरीर छोटा हो जाता, बड़ा हो जाता, विराट हो जाता, कभी होता है, कभी खो जाता है, तो आप धीरे-धीरे शरीर की इस धारा, परिवर्तित धारा, रूपों के इस परिवर्तन के बीच साक्षी अपने आप बन जाएंगे। तब आप अनुभव करेंगे कि मैं वह हूं जो शरीर के छोटे होने को भी देखता है, बड़े होने को भी देखता है, खो जाने को भी देखता है, बन जाने को भी देखता है। मैं शरीर नहीं हूं, शरीरों का द्रष्टा हूं।

तो जिसको भी ऐसा अनुभव हो रहा हो, वह दिन में दो-चार बार उस अनुभव में पुनः उतर जाए। यह मन के फैलने-सिकुड़ने का खेल है। यह अहंकार की लीला नहीं है, लेकिन यह अहंकार की लीला बन सकती है। यदि आप इस बात से बड़े गौरवान्वित हो जाएं कि मैंने बड़ी उपलब्धि कर ली कि मेरा शरीर बड़ा हो जाता है, ऐसा मैं अनुभव कर लेता हूं और मेरा शरीर छोटा हो जाता है, ऐसा मैं अनुभव कर लेता हूं। या आपने इसमें किसी तरह का अहंकार का रस लिया कि मैंने कुछ पा लिया जो दूसरों को नहीं मिला है, तो अहंकार की लीला शुरू हो जाएगी। और अहंकार अपने को ध्यान की प्राथमिक अनुभूतियों से भी सुदृढ़ कर सकता है। और अक्सर जहां अहंकार शुरू हुआ, वहीं ध्यान रुक जाता है। इसलिए इसको कोई विशेष बात मत मानना कि कोई बहुत बड़ी घटना घट रही है। समझना कि ध्यान का साधारण परिणाम है। इसमें कुछ गौरवान्वित होने का या दूसरों से अपने को ऊंचा मानने का या भिन्न मानने का कोई भी कारण नहीं है।

और ध्यान में जो भी साधक प्रवेश कर रहे हैं उन सभी के लिए यह सूचना उपयोगी है कि उन्हें कुछ भी हो, कोई भी अनुभव हो, उस अनुभव को अहंकार का भोजन मत बनने देना। उससे अपने को कुछ विशिष्ट मानने का कारण नहीं है। जैसे ही हमने माना कि मैं कुछ विशिष्ट हो गया—क्योंकि मुझे प्रकाश दिखाई पड़ा, क्योंकि मुझे ऊर्जा ऊपर की तरफ जाती हुई मालूम पड़ी, क्योंकि मैंने प्रभु की सन्निधि अनुभव की—जैसे ही हमने माना कि मुझे कुछ हो गया है जो विशेष है, तो अहंकार को भोजन हमने देना शुरू कर दिया। और जिस क्षण कोई भी उपलब्धि अहंकार से जुड़ जाती है, उसी क्षण उपलब्धि की आगे की यात्रा अवरुद्ध हो जाती है। और जब कोई चीज अवरुद्ध होती है, तो आप उसी जगह रुके नहीं रह सकते, बहुत जल्दी आप वापस नीचे गिर जाएंगे।

एक मित्र ने पूछा है कि पहले दिन मुझे बहुत गहरा अनुभव हुआ और दूसरे दिन से मैं रास्ता देख रहा हूं, लेकिन वैसा अनुभव नहीं हो रहा है।

वह नहीं होगा। क्योंकि पहले दिन जो अनुभव हुआ वह अहंकार का हिस्सा बन गया। माना कि बहुत गहरा अनुभव मुझे हुआ है। अब यह अहंकार दूसरे दिन से प्रतीक्षा करेगा कि मुझे तो होना ही चाहिए, क्योंकि मुझे हो चुका है। अब नहीं होगा तो फ्रस्ट्रेशन, विषाद मन को पकड़ेगा।

और ध्यान रखें, जहां अहंकार ने रस लिया, जहां अहंकार ने श्वास ली, वहीं प्रक्रिया रुक जाती है। तो अगर आपको गहरा अनुभव हो, हो जाने दें। फिर उसे भूल जाएं कृपा करके। उसे स्मृति का हिस्सा बनाने की जरूरत नहीं। और दूसरे दिन उसकी प्रतीक्षा करने की भी जरूरत नहीं। अपेक्षा करने की भी जरूरत नहीं। क्योंकि पहले दिन इसीलिए हुआ था कि आपके अहंकार को कोई भी पता नहीं था कि हो सकता है। तो अहंकार मौन था। अब दूसरे दिन नहीं होगा। क्योंकि अहंकार भीतर खड़ा है, वह कह रहा है कि कब हो, अब होना चाहिए। क्योंकि मुझे हुआ है, तो अब होना चाहिए। अब आप आक्रामक हो गए। उस अनुभव के लिए अब आप एग्रेसिव हैं। अब आप पैसिव नहीं हैं। अब आप प्रतीक्षा नहीं कर रहे हैं, अपेक्षा कर रहे हैं। पहले दिन आपको कुछ भी पता न था।

इसलिए अक्सर यह होता है कि जब आपको कुछ भी पता नहीं होता, बल्कि आप जानते हैं कि आपको क्या होगा, तब हो जाता है। क्योंकि अहंकार बीच में नहीं होता। जब हो जाता है, तब अड़चन शुरू होती है, क्योंकि अहंकार खड़ा हो जाता है। वह कहता है, ठीक, अब तो मुझे होना ही चाहिए। फिर होना बंद हो जाता है।

इस अंतर्यात्रा में 'होना ही चाहिए' जैसे शब्द को बिलकुल भूल जाना। यहां कोई शर्तें नहीं हैं। जो हुआ है, अगर आपने बहुत जोर से पकड़ा, तो दुबारा कभी नहीं होगा। और अक्सर ऐसा होता है कि साधना की प्रक्रिया में जब कभी कोई गहन अनुभूति पहली दफे उतरती है, तो साधक इस बुरी तरह उससे चिपट जाता है कि उस जन्म में दुबारा उसे नहीं उपलब्ध कर पाता। फिर दूसरे जन्म तक प्रतीक्षा करनी पड़ती है, जब तक कि स्मृति बिलकुल दब न जाए और भूल न जाए।

तो ध्यान रखना, न होने से भी कभी-कभी होना खतरनाक सिद्ध हो सकता है, अगर अहंकार ने उसमें रस लिया। अगर आपको हो भी तो उसे आप ऐसा मत समझना कि मुझे हुआ है, ऐसा ही समझना कि प्रभु की अनुकंपा है।

इन दोनों में फर्क है। इसलिए ध्यान के बाद मैं निरंतर आपको कहता हूं कि प्रभु का अनुग्रह स्वीकार कर लें। वह इसी कारण ताकि आपको खयाल बना रहे कि यह उसका प्रसाद है, मेरी उपलब्धि नहीं। यह मैंने नहीं पाया, उसने दिया है। अगर मैंने पाया है, तो मैं कल फिर पाने की कोशिश करूंगा। और अगर उसने दिया है, तो मैं प्रतीक्षा करूंगा। दे उसकी मर्जी, न दे उसकी मर्जी।

और ध्यान रहे, आप सभी से कहता हूं कि उसे धन्यवाद दें। उनसे भी जिन्हें कुछ हो रहा है और उनसे भी जिन्हें कुछ नहीं हो रहा है। क्योंकि अगर आप देते समय ही धन्यवाद दें और उसके न देते समय धन्यवाद न दें, तो आपका धन्यवाद भी अहंकार का हिस्सा बन जाएगा। जब न हो तब भी अनुग्रह होना चाहिए।

क्यों? क्योंकि हो तब तो अनुग्रह समझ में आता है कि मुझे कुछ हुआ, तो मैं धन्यवाद दूं। न हो तब तो अनुग्रह और धन्यवाद की कोई बात समझ में नहीं आती। लेकिन अनुग्रह का राज यही है कि जो न हो तब भी धन्यवाद दे पाए, तभी जब हो तो दिया गया धन्यवाद अनुग्रह होगा। अन्यथा वह भी अहंकार हो जाएगा।

लेकिन कैसे? जब न हो तो हम धन्यवाद किसलिए दें?

तब हमें इसलिए धन्यवाद देना चाहिए कि शायद मेरी अभी तैयारी न हो, शायद मैं अभी इस योग्य नहीं, शायद मैं अभी पात्र नहीं, शायद अभी मुझे अनुभव हो जाए तो नुकसान पहुंचे, इसलिए उसकी कृपा है कि अभी उसने मुझे नहीं दिया।

दो बातें हैं, फर्क समझ लें। अहंकार कहेगा, जब होगा तो अहंकार कहेगा, मैं पात्र हूं, योग्य हूं, कुशल हूं, साधक हूं, इसलिए मुझे हुआ है। जब नहीं होगा, तो अहंकार दुख अनुभव करेगा। और धन्यवाद देने की जगह भीतर कहीं क्रोध की रेखा सरकेगी।

यह खतरनाक है। इससे विपरीत स्थिति चाहिए साधक की। जब हो, तब मानना चाहिए कि मैं तो योग्य नहीं था, पात्र नहीं था, क्षमता मेरी नहीं थी, सब तरह से अयोग्य था, फिर भी प्रभु की अनुकंपा है इसलिए हुआ है। जब न हो, तब जानना चाहिए कि यह भी उसकी अनुकंपा है। शायद यह अनुभव अभी मुझे हो जाए तो अकल्याणकारी हो, अमंगलकारी हो, इसलिए उसने रोका है। अन्यथा उसकी करुणा का कोई पार नहीं है। इस भाव से जो साधक चलेगा तो अहंकार अपना खेल नहीं दिखा पाता है। अन्यथा बाहर के जगत से भी भीतर के जगत की उपलब्धियां अहंकार के लिए ज्यादा रसपूर्ण हैं। और अकड़ भीतर पैदा होती है। उससे सावधान होना उपयोगी है।

एक मित्र ने पूछा है कि वे हृदय रोग से पीड़ित रहे हैं, तो क्या यह नाचना, यह कूदना स्वास्थ्य के लिए खतरनाक तो न हो जाएगा?

यह कहना थोड़ा मुश्किल है, क्योंकि यह बहुत सी बातों पर निर्भर करता है। यदि वे अपने शरीर को भूल कर परमात्मा को ही स्मरण रखें, तो कभी भी नुकसानदायक नहीं हो सकता है। लेकिन परमात्मा को स्मरण ही न रखें, हृदय की दुर्बलता को ही स्मरण रखें, तो बहुत नुकसानदायक हो सकता है। इट डिपेंड्स। आपका ध्यान क्या है? अगर आप अपने शरीर को भूल गए हैं, तो कोई भी नुकसान कभी नहीं हो सकता। और अगर नुकसान भी हो जाए, तो वह भी लाभ है।

पहले तो नुकसान नहीं हो सकता, क्योंकि कोई कारण नहीं है। जिसने अपने शरीर

को पूरा परमात्मा के लिए छोड़ दिया, उसके हृदय वगैरह को धड़काने का जिम्मा अब उसके ऊपर नहीं रहा, अब वह परमात्मा के ऊपर है। और जिस परमात्मा की सहज मौजूदगी से इतना बड़ा जगत चलता है, उसकी सहज मौजूदगी से आपके हृदय की धड़कन न चलेगी, ऐसा मानने का कोई भी कारण नहीं है। और अगर उसके स्मरण से भरे हुए इस क्षण में यदि धड़कन बंद भी हो जाए, तो अनुगृहीत होना चाहिए। क्योंकि धड़कन कभी तो बंद होगी ही, लेकिन पता नहीं उस समय यह स्मरण का क्षण साथ होगा या नहीं होगा।

एक तो नुकसान होगा नहीं, लेकिन जिसे हम नुकसान कहते हैं वह अगर हो भी जाए परमात्मा के स्मरण में, तो उससे शुभ घड़ी दूसरी नहीं है, वही काल-क्षण है, जिसमें गया हुआ व्यक्ति वापस नहीं लौटता है।

लेकिन अगर आप इसी डर से भयभीत—कि कहीं हृदय को कुछ गड़बड़ न हो जाए—हृदय के ही खयाल से भरे हुए नाचेंगे-कूदेंगे, तो निश्चित ही नुकसान हो जाने वाला है। तो यह आप पर निर्भर करता है।

और आप समझ लें। और अगर हृदय के ही खयाल में डूबे हुए हैं, तो मत करें। तो मत करें। लेकिन एक बात ध्यान रखें कि हृदय की धड़कन बंद होकर ही रहेगी! उसे कब तक सम्हाले रहिएगा? और सम्हाल कर भी क्या पा सकेंगे? सिर्फ धड़का लेंगे। क्या है उसकी उपलब्धि? शरीर थोड़े दिन और चल जाए, उसकी उपलब्धि क्या है?

शरीर का प्रयोजन ही यह है कि हम अशरीरी को जान लें। अगर अशरीरी को जानने में ही शरीर बाधा बन रहा हो, तो उस शरीर को रखने का अब कोई कारण नहीं, कोई अर्थ नहीं। इतना साहस हो तो मजे से नाचें और कूदें। जीएं तो भी ठीक है, उसमें मिट जाएं तो भी ठीक है। इतना साहस न हो तो अपने को सम्हाले रखें, फिर उस प्रक्रिया में मत उतरें।

एक दूसरे मित्र ने पूछा है कि क्या यह नाचने-कूदने के बिना ध्यान नहीं हो सकता है?

ध्यान तो हो सकता है। ध्यान तो बिना कुछ किए हो सकता है। लेकिन जिन्होंने पूछा है उनको नहीं हो सकेगा। ध्यान तो बिना कुछ किए हो सकता है। जरा से कंपन के बिना हो सकता है। ध्यान का मतलब ही यह है कि जहां कोई मूवमेंट न हो, जहां सब कंपन रुक जाएं। लेकिन जो नाचने से भयभीत है, या सोचता है कि इससे बच जाएं, उसे नहीं हो सकेगा। और वह हर चीज से भयभीत हो जाएगा।

मैं तो ध्यान की न मालूम कितनी प्रक्रियाओं का उपयोग किया हूं। जिस प्रक्रिया का उपयोग करता हूं, लोग उसी में पूछते हैं कि इसके बिना नहीं हो सकेगा? अगर उनको कहो कि डीप ब्रीदिंग करो। तो लोग आ जाते हैं पूछने कि ऐसी कोई तरकीब नहीं है कि डीप ब्रीदिंग न करनी पड़े, यह गहरी श्वास न लेनी पड़े?

मैंने लोगों को कहा कि शांत होकर लेट जाओ। तो वे आकर कहते हैं कि शांत होकर लेटने से तो कुछ भी नहीं होता। उनको मैंने कहा, कुछ मत करो, सिर्फ मौन रहो। वे कहते हैं, मौन तो हम रह जाते हैं, लेकिन भीतर विचार चलते रहते हैं। कोई और रास्ता बताइए।

जिस मन से आप यह सलाह ले रहे हैं, जो कहता है कि कोई और रास्ता बताइए, वह निरंतर कहता रहेगा—जो भी ध्यान की प्रक्रिया होगी उसी में कहेगा—कोई और रास्ता बताइए। क्योंकि वह डरता है मरने से। वह मन डरता है मरने से। और ध्यान है मन की मृत्यु। वह हर तरफ से आपको रोकेगा।

तो आप इसकी चिंता छोड़िए कि कोई और तरकीब हो सकती है।

नहीं! क्योंकि वह इस तरकीब में बाधा उठा रहा है, हर तरकीब में बाधा उठाएगा। हर तरकीब में वह कहेगा कि इसकी क्या जरूरत है?

एक मित्र आए, वे कहते हैं कि संन्यास तो मुझे लेना है, लेकिन गेरुए कपड़े में नहीं लेना है। गेरुए कपड़े की क्या जरूरत है?

तो मैंने उनसे कहा, संन्यास की ही क्या जरूरत है? यह खयाल ही छोड़ो!

नहीं, संन्यास तो मुझे लेना है।

तो मैंने कहा, जिन कपड़ों में तुम रह रहे हो, इनकी भी क्या जरूरत है? और इनमें तुम रह लिए पचास साल, तुम्हें क्या मिल गया है? तो फिर इनको बदलने में इतनी घबड़ाहट क्या है?

नहीं, वे कहते हैं, गेरुए कपड़े से क्या होगा?

तो मैंने उनसे कहा कि अगर कुछ भी नहीं होगा, तो बदल लो, फिर दिक्कत क्या है? जब बदलने में डर लगता है, तो जरूर कुछ होगा। जो आदमी सहज तैयार हो जाता है मेरे पास आकर कि ठीक है, गेरुआ पहना दें, या काला कपड़ा पहना दें, या मुझे नग्न कहें तो मैं नग्न हो जाऊं। उससे मैं नहीं कहूंगा कि तू कपड़े बदल। उसको कोई फायदा नहीं होगा। उसको मैं कहूंगा, तू जैसा है ठीक है, चलेगा।

लेकिन जो आदमी कहता है कि नहीं; यह जरा दिक्कत देगा। उसको तो फायदा होने वाला है। वह दिक्कत जिस मन से हो रही है, उस मन को ही तोड़ने के लिए तो सवाल है। लेकिन मजा यह है कि जिसको कोई फर्क नहीं पड़ेगा, वह बाधा नहीं डालता, वह कहता है, मैं राजी हूं। और जिसको फर्क पड़ सकता है, वह बाधा डालता है। असल में बाधा ही वही डालता है जिसको फर्क पड़ सकता है। जिसको कपड़े बदलने से फर्क पड़ सकता है, वही बाधा लेकर आता है।

जिन मित्र ने पूछा है कि नाचने के अलावा कोई उपाय नहीं है, अगर वे लंगड़े हों, तो समझ में आ सकता है, अगर बिस्तर पर पड़े हों, पैरालाइज्ड हों, तो उनके लिए मैं कोई रास्ता बताऊं। लेकिन अगर पैर ठीक हों, लकवा न मार गया हो, और नाच सकते हों, तो नाचें, उनको नाच से ही होगा।

नाच का जो भय है, वह भय ही अगर नाच से टूट जाए, तो भीतर बड़ी गति हो जाए। भय ही हमारा उपद्रव है। हर चीज से भयभीत हैं। माला ले लेते हैं लोग मुझसे, फिर उसको कमीज के भीतर छिपा कर चलते हैं।

उसका प्रयोजन खत्म हो गया। उसको कमीज के भीतर छिपानी थी, तो नहीं थी तो क्या हर्ज था! बराबर हो गई बात। उसमें कोई अर्थ न रहा। इसका भी डर है कि कोई यह न पूछ ले कि यह माला क्यों पहनी? जैसे कि आप जिम्मेवार हैं सारी दुनिया को बताने के लिए कि मैं क्या पहनता हूं, क्या नहीं पहनता हूं। किसी को हक ही क्या है पूछने का? लेकिन इतनी भी हिम्मत नहीं है कहने की कि मेरा गला मेरा है, इसमें मुझे माला डालनी है तो आप क्यों परेशान हैं? कम से कम इतनी स्वतंत्रता तो मुझे दो कि मैं अपने गले में कुछ डालना चाहूं तो डाल-उतार सकूं।

जो आदमी अपने गले में माला भी नहीं डाल सकता, वह ठीक से समझ ले कि समाज ने उसके गले में फांसी लगा रखी है। और वह राजी है फांसी के लिए। अपना गला इतना नहीं कि माला डाल सकें, तो और क्या आपका अपना होगा? और अपना शरीर इतना नहीं कि उस पर हम कपड़े गेरुआ डालना चाहें तो डाल सकें, तो आपके पास और अपनी आत्मा होगी?

अपना शरीर भी नहीं है, तो अपनी आत्मा बहुत दूर की बात है। आपके पास अपना कुछ भी नहीं है। आप सिर्फ एक सोशल प्रोडक्ट हो, एक सामाजिक उत्पत्ति हो। आप हो ही नहीं असल में, समाज की एक बनावट हो। समाज जो चाहता है वह पहनो। समाज जो कहता है वैसे उठो। समाज जो कहता है वैसे बैठो। आप नहीं हो।

तो नाच से भय क्या है—कि कोई क्या कहेगा?

कोई क्या कहेगा, जरा कहने दें!

एक सूफी फकीर था हसन। उसके पास जब भी कोई आता, वह संन्यास में दीक्षा के पहले कहता कि नग्न हो जाओ और गांव का एक चक्कर लगाओ, फिर मैं दीक्षा दे दूंगा।

वह आदमी कहता, आप भी कैसी बातें कर रहे हैं? मैं संन्यास लेने आया, इस नग्न होकर चक्कर लगाने से क्या होगा?

तो हसन कहता कि होगा कि नहीं होगा, वह मैं जानता हूं। तुम चक्कर लगाओ, मैं बिना चक्कर के संन्यास नहीं देता। क्योंकि जो आदमी दूसरों के हंसने को नहीं सह सकता, वह आदमी भीतर नहीं जा सकता। जो आदमी दूसरों की आंखों में पागल होने का साहस नहीं रखता, वह किसी बड़ी गहरी खोज पर जाने का उपाय नहीं खोज पाएगा।

इस जगत में जो लोग भी किसी चीज में गहरे जाते हैं, चाहे वे वैज्ञानिक हों और पदार्थ की खोज में गहरे जा रहे हों, उनको भी पागल होने की तैयारी दिखानी पड़ती है। चाहे वे कवि हों और सौंदर्य के अनुभव में गहरे उतर रहे हों, उनको भी पागल होने की तैयारी दिखानी पड़ती है। और चाहे वे संत हों और परम रहस्य में जा रहे हों, उनको भी पागल होने की तैयारी दिखानी पड़ती है।

बुद्ध हों कि महावीर और क्राइस्ट हों कि मोहम्मद या कृष्ण, अपने समय में लोग प्रथम रूप से उनको बड़ी शक और बड़ी संदेह की दृष्टि से देखते हैं। पहले तो वे पागल ही मालूम पड़ते हैं.। यह तो हजारों साल लग जाते हैं जब हम उनको बुद्धिमान मान पाते हैं। हजारों साल, तब कहीं हम उनको बुद्धिमान मान पाते हैं। अन्यथा हम उनको बुद्धिमान नहीं मान पाते। वे तो मैड मैन हैं ही।

आइंस्टीन को लोग पागल ही समझते रहे उन्नीस सौ उन्नीस तक। जब तक उसको नोबल प्राइज की घोषणा न हो गई, तब तक वह पागल आदमी था।

एक होटल में गया है, थोड़ा जल्दी में है और थका-मांदा है। बैरा ने मेनू लाकर उसके सामने रखा, तो उसने बैरा से कहा कि तुम ही देख लो और जो ठीक बना हो वह जल्दी ले आओ।

बैरा ने खाना लाकर दिया। आइंस्टीन ने धन्यवाद दिया, तो बैरा ने चलते वक्त कहा कि आप जैसे जो गैर पढ़े-लिखे लोग हों आपके मित्रों में, उनको भी भेजना, उनकी भी मैं सेवा करूंगा।

आइंस्टीन ने कहा, गैर पढ़े-लिखे लोग? तब उसे खयाल आया कि मेनू उसने पढ़ा नहीं। तो उसने बैरा से पूछा कि तुम्हें मुझे देख कर कैसे खयाल आया कि गैर पढ़े-लिखे लोग?

उसने कहा, खयाल तो मुझे बहुत दूसरा आ रहा है, शिष्टाचार की वजह से मैं कहता नहीं। लग तो रहे हो तुम पागल। तुम्हारे ये फैले हुए बाल, तुम्हारी ये बड़ी-बड़ी खुली आंखें। तुम लग तो रहे हो पागल। तुम्हारे माथे पर ये सिकुड़न। और तुम जब खाना खा रहे थे, तब मैंने अनुभव किया कि तुम खाने की टेबल पर मौजूद ही नहीं थे, तुम कहीं और थे। तो ऐसे तो तुम पागल लग रहे हो, मगर शिष्टाचारवश मैं कहता हूं कि तुम्हारे जैसे गैर पढ़े-लिखे लोग अगर आना चाहें तो भेज देना, उनकी सेवा करने को मैं सदा तत्पर हूं।

जो भी व्यक्ति कहीं गहरी खोज में जा रहा है, उसे पागल होने की हिम्मत चाहिए। पागल होने की हिम्मत का कुल मतलब इतना है कि लोग हंसते हों तो उन्हें हंसने का एक अवसर देना चाहिए। और इसमें कुछ भी हर्ज नहीं है। आपका कुछ हर्ज नहीं और उनको भी हंसी थोड़ा लाभ पहुंचाएगी। चिकित्सक कहते हैं कि हंसी बड़ा टॉनिक़ है। अगर आपकी वजह से चार लोग हंस लेते हैं, तो आपने समाज-सेवा की। इसकी चिंता छोड़ दें।

अब हम ध्यान में जाएं, पागल होने की तैयारी करें।

जो लोग देखने आ गए हों, वे कृपा करके कुर्सियों पर चले जाएं। एक भी व्यक्ति देखने वाला भीतर न हो। और जिनको करना हो, वे कुर्सियां छोड़ कर मैदान में आ जाएं। दूर-दूर फैल जाएं फासले पर ताकि आप ठीक से नाच सकें।

दूर-दूर फैल जाएं, बात न करें। और जो लोग देखने आ गए हैं वे शांत बैठेंगे, इतनी उनसे प्रार्थना है। जब ध्यान चलेगा तो आप बात न करें, चुपचाप देखते रहें। अगर आपकी मौज हो तो बैठ कर आप कीर्तन में सम्मिलित हो सकते हैं, लेकिन चुपचाप। ताली बजा सकते हैं, कीर्तन बोल सकते हैं, लेकिन आपस में बातचीत नहीं करेंगे। और बैठ जाएं कृपा करके, खड़े-खड़े आप थक जाएंगे घंटे भर, बैठ जाएं कुर्सियों पर। और जो लोग ध्यान के लिए खड़े हैं, दूर-दूर फैलें। महिलाएं थोड़ा फासला बना लें, अन्यथा फिर नाचना नहीं हो सकेगा।

दूर-दूर फैल जाएं, दूर-दूर फैल जाएं। और पूरी शक्ति लगाएं। और पूरे भाव और आनंद से डूबें।

(पहले चरण में पंद्रह मिनट संगीत की धुन के साथ कीर्तन चलता रहता है।)

गोविंद बोलो, हरि गोपाल बोलो
गोविंद बोलो, हरि गोपाल बोलो
गोविंद बोलो, हरि गोपाल बोलो...
राधा रमण हरि गोपाल बोलो
राधा रमण हरि गोपाल बोलो
राधा रमण हरि गोपाल बोलो...

(दूसरे चरण में पंद्रह मिनट सिर्फ धुन चलती रहती है और भावों की तीव्र अभिव्यक्ति में रोना, हंसना, नाचना, चिल्लाना आदि चलता रहता है। तीस मिनट के बाद तीसरे चरण में ओशो पुनः सुझाव देना प्रारंभ करते हैं।)

बस, अब आंख बंद कर लें और सारी शक्ति को भीतर रोक लें। अब न नाचें, न डोलें, न आवाज करें। आंख एकदम से बंद कर लें और सारी शक्ति को भीतर रोक लें।

नहीं, अब आवाज न करें...रोकें, रोकें, आवाज रोक लें...नाचना-कूदना बंद कर दें, शरीर का हिलना-डुलना बंद कर दें...बिलकुल रुक जाएं, शक्ति भीतर ही रह जाए...आंख बंद कर लें, शक्ति को भीतर रुक जाने दें, जो शक्ति जग गई है वह भीतर रह जाए...आंख बंद कर लें, सब इंद्रियों को शिथिल छोड़ दें, आंख बंद कर लें, शरीर को मुर्दे की भांति छोड़ दें...शक्ति भीतर ऊपर उठनी शुरू हो जाएगी...शक्ति का भीतर काम शुरू हो जाएगा...

अब अपने दाएं हाथ की हथेली को माथे पर रख लें, दोनों आंखों के बीच के हिस्से पर, दोनों भौंहों के बीच में और आहिस्ता से हाथ को ऊपर-नीचे और दोनों ओर रगड़ें। नाउ पुट योर राइट हैंड पाम ऑन दि फोरहेड बिट्वीन दि आइब्रोज एंड रब इट स्लोली

अपसाइड डाउन एंड साइडवेज...एंड जस्ट बाइ रबिंग समथिंग ओपन्स इनसाइड, समथिंग बिगिन्स टु हैपन, ए डोर सडनली ओपन्स...

रगड़ें, रगड़ें, भीतर कुछ होना शुरू हो जाएगा, जैसे एक द्वार अचानक खुल जाए और एक दूसरी दुनिया में प्रवेश हो जाए...रगड़ते-रगड़ते भीतर प्रकाश ही प्रकाश फैल जाएगा, भीतर प्रकाश ही प्रकाश फैल जाएगा...

अब रगड़ना रोक दें और उस प्रकाश के साथ एक हो जाएं...नाउ स्टॉप रबिंग, दि डोर इज़ ओपन, नाउ बी वन विद दि लाइट...रुक जाएं, भीतर प्रकाश फैल गया, उसके साथ एक हो जाएं, उसमें डूब जाएं। प्रकाश ही प्रकाश है, अनंत प्रकाश है...प्रकाश ही प्रकाश है, अनंत प्रकाश है...प्रकाश के सागर में खो गए, एक हो गए, प्रकाश के साथ एक हो गए...प्रकाश ही प्रकाश, जैसे हजारों सूर्य एक साथ निकल आएं...प्रकाश ही प्रकाश...प्रकाश को अनुभव करें...स्वयं को भूल जाएं, प्रकाश को अनुभव करें...

नाउ फॉरगेट योरसेल्फ, जस्ट बी ए विटनेस टु दि लाइट...रिमेंबर ओनली दि लाइट, फॉरगेट योरसेल्फ...भूल जाएं अपने को, प्रकाश को ही स्मरण रखें...प्रकाश, प्रकाश, प्रकाश...प्रकाश के एक सागर में खो गए, जैसे मछली सागर में हो, ऐसे प्रकाश के सागर में एक हो गए...

यह पहला चरण है। टु फील दिस लाइट इज़ दि फर्स्ट स्टेप। अपने को रोकें न, अनुभव करें, प्रकाश ही प्रकाश...डू नॉट विदहोल्ड, फील, एक्सपीरिएंस दि लाइट...

जिन्हें अनुभव न होता हो, प्रकाश का खयाल न आता हो, वे अपने दोनों हाथों की हथेलियों को आंख पर रख लें और आहिस्ता से आंखों को दबाएं।

दोज हू आर नॉट एबल टु फील दिस लाइट, दे शुड पुट देयर बोथ पाम्स ऑन दि आइज, एंड देन प्रेस योर पाम्स ऑन दि आइज...डोंट रब, जस्ट प्रेस...रगड़ें नहीं, सिर्फ दबाएं आहिस्ता से...जस्ट प्रेस, डोंट रब...

प्रकाश ही प्रकाश, अनंत प्रकाश, जैसे हजारों सूर्य निकल आएं...लाइट, मोर लाइट, इनफिनिट लाइट...नाउ फील इट, नाउ बी वन विद इट...

एक हो जाएं, एक हो जाएं, एक हो जाएं, प्रकाश के साथ एक हो जाएं...भूल जाएं अपने को, प्रकाश को ही स्मरण करें...भूल जाएं अपने को, प्रकाश को ही स्मरण करें...छोड़ दें अपने को, प्रकाश को ही स्मरण करें...प्रकाश, प्रकाश, अनंत प्रकाश...डूब गए प्रकाश के सागर में, जैसे बूंद सागर में गिर जाए...

फॉरगेट योरसेल्फ, फॉरगेट टोटली, ओनली रिमेंबर दि लाइट आल अराउंड...यू आर नॉट, ओनली दि लाइट रिमेन्स...फॉरगेट योरसेल्फ, रिमेंबर दि लाइट, फील दि लाइट...भूलें, भूलें अपने को...छोड़ें अपने को, छोड़ें...स्मरण करें, प्रकाश ही प्रकाश, चारों ओर प्रकाश ही प्रकाश...प्रकाश के एक सागर में खो गए...अनुभव करें, अनुभव करें...

पहला कदम नहीं उठे तो दूसरे कदम में प्रवेश मुश्किल है...टेक दि फर्स्ट स्टेप, इफ दि फर्स्ट इज़ नॉट टेकन, दि सेकेंड बिकम्स इंपासिबल...

प्रकाश, प्रकाश, प्रकाश, प्रकाश, प्रकाश...प्रकाश के पीछे-पीछे ही आता है आनंद...प्रकाश के पीछे-पीछे ही आता है आनंद...वस्तुतः प्रकाश ही सघन होकर बन जाता है आनंद...प्रकाश को अनुभव करें और उसके पीछे से आती आनंद की धार को अनुभव करें...भीतर आनंद ही आनंद फैल जाता है...

नाउ टेक दि सेकेंड स्टेप...फील ब्लिस...रियली टु फील लाइट डीपली एंड इनटेंसली इज़ टु फील ब्लिस...एंड लाइट इटसेल्फ कनसनट्रेटेड बिकम्स ब्लिस...

अनुभव करें, प्रकाश ही घना होकर, सघन होकर आनंद बन जाता है। दूसरे कदम में छलांग लें, आनंद को अनुभव करें...रोआं-रोआं पुलकित हो रहा आनंद से...हृदय की धड़कन-धड़कन आनंद से नाच रही...तन-मन आनंद से भर गए...जैसे कोई खाली घड़ा आकाश के नीचे रखा हो वर्षा में और बूंद-बूंद जल उसमें भर जाए, ऐसे आपके हृदय में आनंद भरता चला जाता है...आनंद, आनंद, आनंद...

नाउ यू आर नॉट, यू हैव बिकम जस्ट ए वेसल, जस्ट एन एंप्टीनेस...एंड ब्लिस डिसेंड्स...एंड ब्लिस फिल्स यू...बी फिल्ड विद इट...बी फिल्ड विद इट...

अनुभव करें, अनुभव करें, आनंद को अनुभव करें...रोएं-रोएं को अनुभव में डूब जाने दें...हृदय की धड़कन-धड़कन सराबोर हो जाए...आनंद ही आनंद शेष रह जाए, प्राण-तन-मन सब आनंद से भर जाएं...अनुभव करें, अनुभव करें, अनुभव करें... आनंद, आनंद, आनंद...भर जाएं, भर जाएं, बिलकुल भर जाएं...कोई जगह भीतर खाली न रह जाए, आनंद से भर जाएं...एक ही स्वर रह जाए श्वासों में—आनंद का। एक ही धड़कन रह जाए धड़कनों में—आनंद की। आनंदित हों, आनंदित हों, आनंदित हों...नाउ बी ब्लिसफुल, नाउ बी ब्लिसफुल...आनंदित हों, आनंदित हों...नाउ बी ब्लिसफुल, नाउ बी ब्लिस...

आनंद के पीछे-पीछे ही प्रभु की उपस्थिति अनुभव होती है। आनंद ही सघन होकर प्रभु की उपस्थिति बन जाता है। नाउ टेक दि थर्ड स्टेप, दि अल्टीमेट, एंड फील डिवाइन प्रेजेंस...नाउ फील डिवाइन प्रेजेंस आल अराउंड...अनुभव करें, प्रभु की उपस्थिति... चारों ओर वही है...हम खो गए, हम नहीं हैं, वही है...सब ओर वही है, बाहर-भीतर वही है...आती श्वास में, जाती श्वास में वही है...अनुभव करें, अनुभव करें, अनुभव करें...मिट जाएं और प्रभु को अनुभव करें...

वही घेरे हुए है, वही घेरे हुए है...उसकी ही अनुकंपा चारों ओर बरस रही...वही घेरे हुए है...खो जाएं, पिघल जाएं, बह जाएं...चारों ओर प्रभु मौजूद है, एक हो जाएं, उसके साथ एक हो जाएं, उसके साथ एक हो जाएं...वही है, वही है, चारों ओर वही है, उसकी ही बांहें सब ओर से घेरे हुए हैं...वही है मौजूद, उसका ही आलिंगन सब ओर से है...वही है हवाओं में, वही सूरज की किरणों में, वही छाया में, वही धूप में,

सब ओर वही है...जाती श्वास में, आती श्वास में वही है...धड़कन-धड़कन में वही है...छोड़ें अपने को, खो दें अपने को...परमात्मा के अतिरिक्त और कुछ भी नहीं है...

नाउ ओनली दि डिवाइन इज़...नाउ ओनली दि डिवाइन इज़...रिलैक्स योरसेल्फ, डिजाल्व योरसेल्फ...नाउ ओनली दि डिवाइन इज़...

वही छू रहा, वही स्पर्श कर रहा...अनुभव करें, अनुभव करें...एक्सपीरिएंस दि डिवाइन आल अराउंड—इनसाइड, आउट, आल अराउंड...फील दि डिवाइन, फील दि डिवाइन...खो जाएं, मिट जाएं, एक हो जाएं...

और अब ध्यान का अंतिम अनुभव: वह मौजूद ही नहीं, वही है। हम भी वही हैं। आखिरी सूत्र: मैं स्वयं परमात्मा हूं। अनुभव करें, अनुभव करें: मैं स्वयं परमात्मा हूं, मैं स्वयं परमात्मा हूं। नाउ फील, नॉट ओनली दि प्रेजेंस, बट योर ओन डिविनिटी...नाउ आई एम दि डिवाइन, नाउ आई एम दि डिवाइन...अनुभव करें: अहं-ब्रह्मास्मि! अनुभव करें: मैं ही ब्रह्म हूं, मैं ही ब्रह्म हूं, मैं ही ब्रह्म हूं...

अब फिर एक बार अपने दाएं हाथ की हथेली को माथे पर रख लें दोनों भौंहों के बीच में और आहिस्ता से रगड़ें। बहुत कुछ भीतर घटित होगा। जो भी घटित हो उसे होने दें। नाउ पुट योर राइट हैंड पाम अगेन ऑन दि फोरहेड बिट्वीन दि आइब्रोज एंड रब इट। एंड व्हाट सो एवर हैपन्स, लेट इट हैपन इनसाइड।

सडनली ए बैरियर ब्रेक्स, सडनली ए डोर ओपन्स, सडनली यू आर ट्रांसफार्म इनटु समथिंग एल्स...कुछ और हो जाते हैं आप...रगड़ें, भीतर कोई द्वार खुलता, कोई बाधा गिर जाती...और भीतर जो भी हो, होने दें...रब दि फोरहेड, दि थर्ड आई स्पॉट, रब अपसाइड डाउन एंड साइडवेज सो दैट दि थर्ड आई स्पॉट इज़ रब्ड...रब इट, एंड लेट इट हैपन व्हाट सो एवर हैपन्स इनसाइड...

अब दोनों हाथ आकाश की तरफ ऊपर उठा लें, आंखें खोलें आकाश की तरफ। नाउ रेज़ योर बोथ हैंड्स टुवर्ड्स दि स्काई एंड ओपन योर आइज, सी दि स्काई एंड लेट दि स्काई सी अनटु यू, इनटु यू...

देखें आकाश को और आकाश को देखने दें आपके भीतर। दोनों हाथ आकाश की तरफ उठा लें, आंखें आकाश में खोलें, झांकने दें आकाश को आपके भीतर और आप झांकें आकाश में। लेट देयर बी ए कम्यूनियन बिट्वीन यू एंड दि स्काई। लेट देयर बी ए कम्यूनिकेशन बिट्वीन यू एंड दि स्काई...

एक संवाद, एक अंतर्संवाद, एक मौन-मिलन...आकाश की तरफ आंखें खोलें, दोनों हाथ उठा दें...एक मौन-संवाद आकाश और आपके हृदय के बीच...दोनों हाथ आकाश की तरफ फैले हुए आलिंगन में, आंखें खुली हुई, आकाश को झांकने दें गहरे में आपके...लेट दि स्काई गो डीप इनसाइड यू, लेट देयर बी ए कम्यूनियन...

और अब जो भी हृदय में भाव हो उसे संपूर्णता से प्रकट कर दें...अब जो भी हृदय में भाव हो उसे संपूर्णता से प्रकट करें...नाउ एक्सप्रेस व्हाट सो एवर इज़ इनसाइड, एक्सप्रेस इट कंप्लीटली, नाउ बी मैड इन एक्सप्रेसिंग इट कंप्लीटली...बिलकुल पागल हो जाएं, जो भी भीतर है उसे प्रकट कर दें...जो भी है भीतर—चिल्लाना हो चिल्लाएं, हंसना हो हंस लें, रोना हो रो लें, नाचना हो नाच उठें—जो भी भीतर है उसे प्रकट कर दें...इफ दि इनसाइड ऑफ यू वांट्स टु लॉफ, लॉफ...इफ दि इनसाइड वांट्स टु क्राइ, क्राइ...इफ दि इनसाइड वांट्स टु डांस, डांस...बट एक्सप्रेस इट कंप्लीटली...

ठीक है, अब दोनों हाथ जोड़ लें और सिर परमात्मा के चरणों में झुका दें। नाउ पुट योर बोथ पाम्स इन ए नमस्कार पोस्चर एंड पुट योर हेड इन दि फीट ऑफ दि डिवाइन। अनुग्रह स्वीकार कर लें। आदमी अकेला काफी नहीं, आदमी बहुत कमजोर है, बहुत असहाय; परमात्मा की सहायता के बिना कुछ भी न होगा। उसका प्रसाद ही सब कुछ है। मैन अलोन इज़ नॉट इनफ। मैन इज़ वीक एंड हेल्पलेस, टोटली हेल्पलेस। एंड विदाउट हिज़ ग्रेस नथिंग कैन हैपन। विदाउट हिज़ ग्रेस देयर इज़ नो पासिबिलिटी। विदाउट हिज़ ग्रेस मैन इज़ इंपासिबल।

अनुग्रह स्वीकार कर लें। कहें, हृदय की गहराई से भीतर: प्रभु की अनुकंपा अपार है, प्रभु की अनुकंपा अपार है, प्रभु की अनुकंपा अपार है।

लेट दाइ डेप्थ से: दाइ ग्रेस इज़ इनफिनिट, दाइ ग्रेस इज़ इनफिनिट, दाइ ग्रेस इज़ इनफिनिट। प्रभु की अनुकंपा अपार है, प्रभु की अनुकंपा अपार है, प्रभु की अनुकंपा अपार है।

अब धीरे-धीरे दो-चार गहरी श्वास ले लें और ध्यान से वापस आ जाएं। हमारी सुबह की बैठक पूरी हो गई। दो-चार गहरी श्वास ले लें और आहिस्ता से ध्यान से वापस लौट आएं। हमारी सुबह की बैठक पूरी हो गई।

प्रवचन 9

ध्यान : चुनावरहित सजगता

ध्यान के संबंध में थोड़े से प्रश्न हैं। एक मित्र ने पूछा है कि वृत्तियों का देखना, ऑब्जर्वेशन भी क्या एक तरह का दमन नहीं है? एक प्रकार का सप्रेशन नहीं है?

आपकी आंतरिक आकांक्षा पर निर्भर करता है कि वृत्तियों का देखना भी दमन बन जाए या न बने।

यदि कोई व्यक्ति वृत्तियों का ऑब्जर्वेशन, निरीक्षण, देखना, साक्षी होना, इसीलिए कर रहा है कि वृत्तियों से मुक्त कैसे हो जाए, तो यह देखना दमन बन जाएगा, सप्रेशन बन जाएगा। यदि आपकी आकांक्षा निरीक्षण में केवल इतनी ही है कि मैं वृत्तियों से मुक्त कैसे हो जाऊं? मुक्त होने की बात आपने पहले ही तय कर रखी है, वृत्तियों को देखने के पूर्व आप एक पक्ष लेकर ही वृत्तियों को देखने जा रहे हैं कि ये वृत्तियां बुरी हैं, इनसे छुटकारा चाहिए; ये वृत्तियां नरक हैं, इनसे मुक्ति चाहिए; ये वृत्तियां ही दुख हैं, इनसे पार होना है; ऐसा आपने निरीक्षण के पहले ही तय कर रखा हुआ मत है, आपकी पहले से ही एक पक्षपात की दृष्टि है, वृत्तियों की शत्रुता आपके मन में है, कंडेमनेशन, निंदा आपके मन में है, तो फिर वृत्तियों का देखना भी दमन बन जाएगा।

और जो देखना दमन बन जाए, वह देखना नहीं है। क्योंकि ऑब्जर्वेशन का, निरीक्षण का, साक्षी होने का एक ही अर्थ है कि निष्पक्ष दर्शन हो सके।

तो तय न करें पहले से कि वृत्तियों से मुक्त होना है। तय न करें पहले से कि वृत्तियां बुरी हैं। पहले से वृत्तियों के संबंध में निष्पक्ष भाव रखें। पता नहीं बुरी हों, न हों! और पता नहीं उनसे मुक्त होना है या मुक्त नहीं होना है! यह तो निरीक्षण से निष्कर्ष आने दें। निरीक्षण होने दें। यदि निरीक्षण गहरा जाएगा, तो आप वृत्तियों को समझने में सफल हो पाएंगे।

और छोड़ें निरीक्षण के निष्कर्ष पर मुक्ति या अमुक्ति, वृत्तियों में रहना या पार हो जाना। और आश्चर्य की बात यह है कि जो व्यक्ति निरीक्षण के निष्कर्ष के लिए प्रतीक्षा करता है, और पहले से ही मत, निर्णय नहीं कर लेता, वह अचानक वृत्तियों से मुक्त हो जाता है। वृत्तियों से मुक्त होना नहीं पड़ता, हो जाता है। निरीक्षण का सहज फल वृत्तियों से मुक्ति में ले जाता है।

लेकिन हम पहले से ही तय कर लेते हैं। और पहले से तय करके फिर हम निरीक्षण में भी पक्षपाती की तरह खड़े हैं, हम साक्षी नहीं हैं फिर।

सुना है मैंने कि अपने जीवन के आखिरी चरण में साठ-पैंसठ वर्ष का जब मुल्ला नसरुद्दीन हुआ, तो उसके गांव के लोगों ने उसे गांव का ऑनरेरी मजिस्ट्रेट चुना।

पहला ही मुकदमा उसके हाथ में आया। तो वकील ने अपराधी के संबंध में अपना वक्तव्य दिया। वक्तव्य सुनने के बाद मुल्ला अपना निर्णय लिखने लगा, जजमेंट लिखने लगा। तो कोर्ट के क्लर्क ने उससे कहा कि ठहरिए, अभी दूसरे वकील का वक्तव्य तो आपने सुना ही नहीं!

मुल्ला ने कहा कि दूसरा मुझे कनफ्यूज कर देगा। और दो-दो वक्तव्य सुनने के बाद तय करना बहुत मुश्किल हो जाएगा। तो मुझे एक की ही बात करके साफ-सुथरा निर्णय दे देने दो।

हम सब भी अपने संबंध में इसी तरह के निर्णय लिए हुए हैं। आपने शास्त्र में पढ़ लिया है कि वृत्तियां बुरी हैं। शिक्षकों से सुन लिया है, महात्माओं के सत्संग में पकड़ लिया है कि वृत्तियां बुरी हैं। वृत्तियों का आपने कभी निरीक्षण नहीं किया और वृत्तियों को कभी मौका नहीं दिया कि वे अपनी पूर्ण नग्नता में आपके सामने प्रकट हो जाएं।

आपके निर्णय पक्षपातग्रस्त हैं। वृत्तियों से बिना पूछे लिए गए हैं। वृत्तियों को बिना जाने लिए गए हैं। तो अगर कोई आपसे कहे कि ऑब्जर्व करिए! तो आप ऑब्जर्व भी, निरीक्षण भी इसीलिए करते हैं कि कैसे छुटकारा हो।

एक मित्र मेरे पास, कोई तीन महीने हुए, आए थे। साठ साल के हो गए हैं। लेकिन कामवासना से उम्र से कोई छुटकारा नहीं होता। और आदमी बड़े अदभुत हैं इस दुनिया में। जब मैं 'संभोग से समाधि की ओर' इस संबंध में बोल रहा था, तो वे पहले दिन ही सभा छोड़ कर चले गए थे। और मुझे उन्होंने एक पत्र लिखा था कि आप इस तरह की बातें कह रहे हैं जिनसे मनुष्य-जाति का पतन हो जाएगा।

और अभी तीन महीने पहले, दो साल बाद—दो साल तक वे दिखाई नहीं पड़े—अभी आए थे और कहने लगे कि कामवासना पीछा नहीं छोड़ती!

मैंने कहा, मैं कामवासना पर बोल रहा था, तो आप मेरे सामने बैठे थे, आप हाल छोड़ कर चले गए थे। और दो दिन बाद मुझे पत्र लिखा था कि आप इस तरह की बातें कह रहे हैं। क्योंकि बाहर वे इस तरह का प्रचार कर रखे हैं अपने बाबत कि बड़े संयमी हैं, और भीतर...

संयमी जो अपने को प्रचारित किए होते हैं, अक्सर भीतर उबलते हुए ज्वालामुखी पर खड़े रहते हैं।

मैंने पूछा कि कामवासना अभी तक आपकी छूटी नहीं?

वे कहने लगे, यही मैं पूछने आया हूं कि यह कैसे छूटे?

तो मैंने उनसे कहा, आप निर्णय तो पहले ही ले चुके हैं कि कामवासना बुरी है, तो आप निरीक्षण कैसे कर सकेंगे?

उन्होंने मुझसे कहा कि मैं निरीक्षण करके क्या, कुछ भी करने को राजी हूं, ताकि यह किसी भांति छूटे। वह निर्णय पक्का है।

मैंने उनसे कहा, निरीक्षण अगर करना है तो पहले तो अपना निर्णय छोड़ दो। कामवासना के संबंध में निष्पक्ष हो जाओ। उसे भी परमात्मा की एक देन समझो। है भी वह देन। नासमझ हैं जो उसे पाप कहते हैं। क्योंकि पाप कहने के कारण हम परमात्मा की एक देन का जो उपयोग कर सकते हैं महत, वह नहीं कर पाते हैं। जिस चीज को हमने बुरा कहा, उसका हम उपयोग करने में असमर्थ हो जाते हैं।

कामवासना बुरी नहीं है। इस जगत में कुछ भी बुरा नहीं है। इस जगत में किसी चीज का उपयोग न करना बुरा है, सदुपयोग न करना बुरा है। कोई चीज बुरी नहीं है।

कामवासना का भी सदुपयोग जो कर लेता है, वह कामवासना की सीढ़ी से ही परमात्मा की उपलब्धि को पहुंच जाता है। कामवासना का जो उपयोग नहीं कर पाता है, वह कामवासना में ही सड़ जाता है। जो शक्ति उसे परमात्मा तक पहुंचा सकती थी, वही शक्ति उसे पाप के गर्त में गिरा देती है। लेकिन शक्ति का कोई दोष नहीं है। उपयोग करने वाले का दोष है।

वृत्ति बुरी नहीं होती। आप बुरे होते हैं तो वृत्ति का दुरुपयोग हो जाता है, आप भले होते हैं तो वृत्ति का सदुपयोग हो जाता है। शक्तियां न्यूट्रल हैं, तटस्थ हैं।

आपके हाथ में एक तलवार दे दें। तलवार बुरी नहीं है, तलवार में क्या बुरा हो सकता है! लेकिन तलवार से आप किसी की गर्दन भी काट सकते हैं। तब बुरा हो जाएगा। लेकिन बुरापन आपके हाथ में और आपके मन में है, तलवार में नहीं। और उसी तलवार से, किसी की गर्दन कटती हो, तो आप उसे बचा भी सकते हैं। तब भी भलापन तलवार में नहीं, आप में ही है।

वृत्तियां शक्तियां हैं। उनका न दमन करना जरूरी है, न उनसे लड़ना जरूरी है, न उनकी निंदा करना जरूरी है; उन्हें समझना जरूरी है। और उनके भीतर जो छिपे हुए राज हैं, उनको पहचानना जरूरी है। और उनकी शक्तियों का कैसे हम ऊर्ध्वगमन के लिए उपयोग कर सकते हैं, यह निरीक्षण से स्पष्ट होना शुरू हो जाता है। निरीक्षण दमन बन जाएगा, अगर आप निरीक्षण इसीलिए कर रहे हैं कि कैसे छुटकारा हो? निरीक्षण मुक्ति बन जाता है, अगर आप निरीक्षण इसलिए कर रहे हैं, ताकि मैं जान सकूं यह वृत्ति क्या है? इसकी शक्ति क्या है? और परमात्मा ने इसे मुझे क्यों दिया है?

दुर्भाव छोड़ें। सदभाव से वृत्तियों के पास जाएं। और तब एक क्रांति घटित होती है। जिन्हें आपने अपना शत्रु जाना था, वे ही आपके सबसे बड़े मित्र सिद्ध होते हैं। निष्पक्ष निरीक्षण चाहिए। चुनाव-रहित निरीक्षण चाहिए। मत-शून्य निरीक्षण चाहिए। पूर्व-पक्ष से रिक्त निरीक्षण चाहिए। फिर निरीक्षण मुक्ति बन जाता है। और निरीक्षण के बाद मुक्त होने के लिए कुछ करना नहीं पड़ता, निरीक्षण ही मुक्ति बन जाता है—दि वेरी ऑब्जर्वेशन। ऐसा नहीं कि निरीक्षण करने के बाद फिर आपको कुछ करना पड़ेगा, तब आप मुक्त होंगे।

रास्ते पर सांप हो, सांप का दिखाई पड़ना ही आपकी छलांग बन जाता है। ऐसा नहीं कि पहले सांप दिखाई पड़ता है, फिर खड़े होकर आप अपनी नोट-बुक निकालते हैं, फिर गणित करते हैं कि सांप सामने है, क्या मुझे कूदना चाहिए, नहीं कूदना चाहिए? क्या करना चाहिए? किस गुरु से पूछूं? कहां जाऊं?

सांप दिखाई पड़ा और छलांग घटित हो जाती है। छलांग और सांप का दिखना दो चीजें नहीं हैं। इधर बाहर सांप का दिखना और भीतर छलांग का लग जाना—एक साथ, युगपत, साइमलटेनियस घटित हो जाता है।

जैसे ही कोई व्यक्ति अपनी वृत्तियों के निरीक्षण को उपलब्ध होता है, वैसे ही छलांग भीतर लग जाती है। निरीक्षण, निष्पत्ति और परिणाम, सब एक साथ घटित होते हैं। इसलिए ऐसा नहीं कि पहले आप जान लेंगे कि यह वृत्ति कैसी है, फिर इससे कैसे छुटकारा पाएं, इसकी कोशिश लगेगी। नहीं; इसकी कोई कोशिश नहीं करनी पड़ती।

और अगर आप कहते हों, मुझे पता तो है कि वृत्ति बुरी है, अब छुटकारा कैसे पाऊं? तो आप सिर्फ एक खबर देते हैं कि आपको पता नहीं है कि वृत्ति बुरी है। सिर्फ आपने सुन लिया होगा। किसी ने कह दिया होगा।

और हम सब एक-दूसरे के मस्तिष्क को भ्रष्ट करने में संलग्न हैं। हम सब एक-दूसरे को बताए जा रहे हैं वे बातें जिनका हमें भी पता नहीं है। ज्ञानी होने का इतना मजा है कि इस जगत में अज्ञानी इतना नुकसान नहीं पहुंचाते जितना ज्ञान का मजा लेने वाले ज्ञानी नुकसान पहुंचा देते हैं। इतना मजा है दूसरे को बताने में कि हम इसकी फिक्र ही नहीं करते कि यह मुझे भी पता है या नहीं। अगर ज्ञानी ईमानदार हो जाएं, तो अज्ञान का खतरा समाप्त हो जाए। लेकिन ज्ञानी ईमानदार नहीं हो पाता। उन्हें खुद भी पता नहीं है।

एक संन्यासी ने ध्यान पर किताब लिखी थी। दस साल पहले मैंने पढ़ी थी। अदभुत किताब है। लेकिन दो-तीन बिंदु ऐसे थे जो बताते थे कि इस आदमी ने ध्यान नहीं किया। किताब बहुत अदभुत है। सारी बातें बिलकुल ठीक हैं, लेकिन दो-तीन जगह गैप हैं। और वे गैप, खाली स्थान बताते हैं कि इस आदमी ने ध्यान नहीं किया।

पूरब के सभी शास्त्र बहुत कुशल लोगों ने लिखे हैं। और पूरब के सभी शास्त्रों में गैप्स हैं, अंतराल हैं। जैसे पतंजलि का योग-सूत्र है, इस पर जो आदमी केवल पतंजलि के योग-सूत्र और योग के संबंध में साहित्य को पढ़ कर किताब लिखेगा, वह गैप्स को

नहीं भर पाएगा। क्योंकि किताब में वे खाली स्थान जान कर छोड़े गए हैं। सिर्फ वही आदमी पतंजलि के योग-सूत्र पर लिखेगा जिसने ध्यान करके जाना है, तो पतंजलि ने जो अंतराल छोड़े हैं उनको वह भर सकेगा। और वही कसौटी है कि आदमी ने जाना है या बिना जाने कहा है।

किताब बहुत अदभुत थी। ध्यान पर जितनी किताबें लिखी गई हैं, उन सबको जान कर, पढ़ कर लिखी गई थी। लेकिन एक बात साफ थी कि उसमें जो खाली जगह सदा छोड़ी जाती है, उनके ऊपर कोई भी इशारा नहीं था। उस व्यक्ति ने ध्यान किया नहीं है।

दस साल बाद एक नगर में उन संन्यासी का मुझसे मिलना हुआ। अपने पचास-साठ शिष्यों को लेकर वे मुझसे मिलने आए थे। बातचीत हुई। मैंने उनसे कहा, किताब आपकी बहुत अदभुत है। लेकिन आपने ध्यान को बिना जान कर लिखा है। आपने कोई अनुभव नहीं किया।

वे थोड़े बेचैन हुए, रेस्टलेस हुए, क्योंकि उनके शिष्य चारों तरफ थे। फिर उन्होंने अपने प्रमुख शिष्य को कहा कि तुम लोग बाहर जाओ। मैं जरा एकांत में बात कर लूं। एकांत में उनकी आंखों में आंसू आ गए। ईमानदार थे। और उन्होंने कहा कि आपको कैसे पता चला कि मैंने ध्यान जान कर नहीं लिखा है? क्योंकि मैंने आज तक किसी से नहीं कहा कि मैंने ध्यान को नहीं जाना। और मेरी किताब के कारण हजारों मेरे शिष्य हैं। आपने कोई किताब में भूल देखी?

मैंने कहा, किताब में कोई भूल नहीं है। किताब बहुत अदभुत है। किताब बिलकुल निर्भूल है। आपने बिलकुल ठीक-ठीक अध्ययन किया है। लेकिन अनुभव नहीं किया है। अनुभव की कोई खबर किताब में नहीं है।

पर उनके हजारों शिष्य हैं! और उनकी बात मान कर हजारों लोग ध्यान कर रहे हैं! और यह आदमी रो रहा है, क्योंकि इसे ध्यान का कोई अनुभव नहीं है। अब यह जिन लोगों को बता रहा है, उनको गड्ढे में गिरने का कारण हो जाएगा।

इस आदमी को क्या मिल रहा है?

इस आदमी को बताने का सुख मिल रहा है, बिना इस बात को समझे हुए कि जो मैंने नहीं जाना है उसे बताने का कोई भी उपाय नहीं है।

तो आप सुन लेते हैं। किसी ने कह दिया, क्रोध बुरा है। बाप ने कह दिया, यद्यपि बाप भी क्रोध करता था। मां ने कह दिया, यद्यपि मां भी क्रोध करती थी। स्कूल में शिक्षक ने कहा, क्रोध बुरा है, यद्यपि वह भी क्रोध करता था। तो बढ़ता हुआ बच्चा दो बातें सीख लेता है। वह सीख लेता है कि क्रोध बुरा है, सब कहते हैं, इसलिए बुरा होना चाहिए। और क्रोध सब करते हैं, इसलिए करना भी चाहिए। डबल तर्क, दोहरी बातें, डबल माइंड हो जाता है। क्रोध करने जैसी चीज है, यह भी तय हो जाता है; और क्रोध बुरी चीज है, यह भी तय हो जाता है। अब यह फंस गया। अब यह जिंदगी भर क्रोध करेगा और जिंदगी भर क्रोध को गाली भी देगा।

जिस दिन हमारी ठीक शिक्षा होगी, सम्यक, उस दिन हम 'क्रोध बुरा है', ऐसा सिखाएंगे नहीं; हम क्रोध की वृत्ति में प्रवेश सिखाएंगे। और जब भी क्रोध आए, तो क्रोध में कैसे प्रवेश करना है, इसकी प्रक्रिया सिखाएंगे। और प्रक्रिया ही बता देगी कि क्रोध क्या है। क्रोध बुरा है, ऐसा नहीं बता देगी। जैसे ही जाना जाता है कि क्रोध क्या है, क्रोध के पार व्यक्ति हो जाता है।

गुरजिएफ के पास कोई भी जाता था, पश्चिम में। वह एक जीवित सदगुरुओं में से, दो-चार सदगुरुओं में जमीन पर इस सदी में एक व्यक्ति था। तो वह कहता था कि तुम्हारी मूल कमजोरी क्या है? अगर वह कहता, वृत्ति मेरी मूल है—क्रोध की, लोभ की, मोह की, काम की, तो जो भी मूल कमजोरी होती, वह कहता कि अब पंद्रह दिन तुम अपनी मूल कमजोरी को प्रकट करने की कोशिश करो, जितना कर सको।

अगर वह कहता, क्रोध है। तो वह कहता कि तुम जितना क्रोध कर सकते हो, करो। और गुरजिएफ ऐसी सिचुएशंस, ऐसी स्थितियां पैदा कर देता कि उस आदमी को क्रोध में बिलकुल पागल हो जाना पड़ता। और जब वह आदमी बिलकुल पागल होता और कंप रहा होता उसका रोआं-रोआं क्रोध की आग में, तब गुरजिएफ कहता, नाउ ऑब्जर्व! अब निरीक्षण करो! जब क्रोध अपनी पूरी स्थिति में, लपटों में खड़ा होता और आदमी बीच में होता, तब गुरजिएफ उसे हिला कर कहता, यही है मौका! अब, अब निरीक्षण करो! अब जानो कि क्रोध क्या है!

और अक्सर ऐसा हुआ कि उस जलते हुए बिंदु से जिस आदमी ने निरीक्षण किया, दुबारा उस वृत्ति में गिरना असंभव हो गया।

तो वृत्ति का निरीक्षण करें निष्पक्ष, तो दमन फलित नहीं होगा।

एक और सवाल मित्र ने पूछा है कि कल रात मैंने कहा कि संकल्प की साधना, दक्षिणायन, नीचे के मार्ग पर ले जाती है और समर्पण की साधना, उत्तरायण, ऊपर के मार्ग पर ले जाती है। मित्र ने पूछा है कि हम जो प्रयोग कर रहे हैं सुबह, वह भी तो संकल्प का प्रयोग है। क्या उससे हम, दक्षिणायन, नीचे की तरफ जाएंगे? या संकल्पों में भी कुछ भेद है?

इसे थोड़ा सा समझ लेना जरूरी है। जब व्यक्ति को पहली बार समर्पण करना होता है, तब भी संकल्प का उपयोग करना पड़ता है। समर्पण के लिए भी संकल्प का उपयोग करना पड़ता है। यदि आप संकल्प के लिए ही संकल्प का उपयोग कर रहे हैं, तो यात्रा दक्षिणायन हो जाती है। और यदि आप संकल्प का उपयोग समर्पण के लिए कर रहे हैं, तो यात्रा उत्तरायण हो जाती है।

यह प्रयोग संकल्प से ही शुरू होता है। सभी ध्यान संकल्प से शुरू होते हैं, लेकिन सभी ध्यान समर्पण पर समाप्त नहीं होते। जो ध्यान संकल्प से शुरू होते हैं और संकल्प

पर ही पूर्ण होते हैं, वे दक्षिणायन में ले जाते हैं। जो ध्यान की विधियां संकल्प से शुरू होती हैं और समर्पण पर पूर्ण होती हैं, वे उत्तरायण में ले जाती हैं।

यह जो प्रयोग हम कर रहे हैं, यह भी संकल्प का ही प्रयोग है। लेकिन क्रमशः संकल्प छूटता चला जाता है और आप समर्पण में प्रवेश करते हैं। अंतिम क्षण में आप सिर्फ समर्पण की स्थिति में होते हैं, संकल्प छूट चुका होता है।

संकल्प हमारी स्थिति है। अभी हम जहां खड़े हैं, वह संकल्प हमारी स्थिति है। हमें जहां भी जाना हो, ऊपर या नीचे, संकल्प से ही जाना पड़ेगा।

यदि आप संकल्प के लिए ही संकल्प कर रहे हैं, विल फॉर विल्स सेक, तो आप नीचे उतर जाएंगे। और विल फॉर सरेंडर्स सेक, तो आप ऊपर चढ़ जाएंगे। अंतिम लक्ष्य समर्पण हो तो संकल्प की सीढ़ी का उपयोग भी किया जा सकता है। और अगर अंतिम लक्ष्य संकल्प हो तो आप समर्पण का भी उपयोग कर सकते हैं और नीचे उतर जाएंगे।

दूसरी बात भी खयाल में ले लें। पहली बात मैंने कहा, संकल्प भी समर्पण के लिए मार्ग बन सकता है। समर्पण भी संकल्प के लिए मार्ग बन सकता है। एक आदमी सिर्फ परमात्मा के लिए इसलिए समर्पण करता है, ताकि मेरी संकल्प की शक्ति विराट हो जाए। एक आदमी कहता है, हे प्रभु, सब तेरे हाथों में छोड़ता हूं। लेकिन भीतर इच्छा होती है...

स्त्रैण चित्त, समर्पण से वह शुरू करता है और संकल्प पर पूरा होता है। और जिस दिन आपने स्त्री का समर्पण स्वीकार कर लिया, उसी दिन आप उसके गुलाम हो गए। सोचा था कि मालिक हो जाएंगे। इसी भ्रम में आप गुलाम हुए हो। स्त्री की कीमिया, उसकी केमिस्ट्री, उसके काम करने का स्त्री के चित्त का ढंग ही यही है कि जिसे बांधना हो, पहले उसे मालिक होने का खयाल दो।

पुरुष का चित्त उलटा है। वह संकल्प से शुरू करता है और समर्पण पर पूरा होता है। इसीलिए स्त्री और पुरुषों में मेल बन जाता है। नहीं तो मेल बनना मुश्किल हो जाए। अपोजिट, विरोध में उनमें मेल बन जाता है। पुरुष का चित्त उलटा है। वह पहले संकल्प से शुरू करता है। वह पहले स्त्री को जीतने की कोशिश करता है। उसे पता नहीं कि आखिर में हारोगे। यह जीतने से उनकी हार शुरू हो रही है।

इसलिए जो पुरुष स्त्री के चरणों में सिर रख दे, उसका स्त्री से कभी तालमेल नहीं बन सकता। और जो स्त्री पुरुष के चरण में सिर रखने के लिए राजी न हो, उसका भी कभी तालमेल नहीं बन सकता। इसलिए पश्चिम में स्त्री और पुरुष के बीच के संबंध रोज-रोज शिथिल और विकृत होते चले जा रहे हैं। क्योंकि स्त्री ने तय किया है कि मैं अब समर्पण नहीं करूंगी। लेकिन जिस दिन स्त्री तय कर लेती है, अब मैं समर्पण नहीं करूंगी, उसी दिन पुरुष को जीतना मुश्किल हो जाएगा। और पुरुष ने भी तय कर लिया है कि स्त्री को बराबर मौका देना है, इसलिए मैं इसको जीतूंगा नहीं। और जिस दिन पुरुष स्त्री को जीतता नहीं, उसी दिन पुरुष की हार का कोई उपाय नहीं रह जाता।

डाइलेक्टिक्स है, जीवन का एक द्वंद्वात्मक नियम है: विपरीत आकर्षित करते हैं। स्त्री और पुरुष बिलकुल विपरीत ढंग से जीते हैं। उनके जीने के ढंग की विपरीतता की गहराई यही है कि स्त्री शुरू करती है समर्पण से और पूर्ण करती है संकल्प पर। पुरुष शुरू करता है संकल्प से और पूर्ण करता है समर्पण पर। इसलिए दोनों के बीच आकर्षण है।

आप दोनों काम शुरू कर सकते हैं, क्योंकि प्रत्येक व्यक्ति के भीतर स्त्री भी छिपी है और पुरुष भी। सब आदमी बाइसेक्सुअल हैं। कोई आदमी यूनिसेक्सुअल नहीं है। नवीनतम मनोविज्ञान की खोजें और नवीनतम बायोलाजी के अन्वेषण इस बात को सिद्ध करते हैं कि कोई आदमी न तो पुरुष है पूरा और न कोई स्त्री पूरी स्त्री है। फर्क डिग्रीज के हैं। आप साठ परसेंट पुरुष हैं और चालीस परसेंट स्त्री हैं, इसलिए आप पुरुष मालूम पड़ते हैं। आपकी पत्नी साठ परसेंट स्त्री है और चालीस परसेंट पुरुष है, इसलिए स्त्री मालूम पड़ती है। जो भेद हैं, वे परसेंटेज के हैं। आपके भीतर भी स्त्री छिपी है, पुरुष के भीतर भी, और स्त्री के भीतर भी पुरुष छिपा है। इसलिए ऐसी घटना घटती है कि कभी-कभी हम पाते हैं कि कोई पुरुष बिलकुल स्त्रैण मालूम होता है और कोई स्त्री बिलकुल पुरुष जैसी मालूम होती है।

मुल्ला नसरुद्दीन रास्ते पर एक स्त्री को चलते देखा है, उसके पास जाकर उसे घूर कर देखने लगा। उस स्त्री ने पूछा कि आप क्या देख रहे हैं?

उसने कहा कि बड़ी हैरानी की बात है, तुम स्त्री हो, लेकिन स्त्री जैसी मालूम नहीं पड़ती हो!

उस स्त्री ने, जिसे मुल्ला ने स्त्री समझा था, कहा, माफ करिए, मैं स्त्री नहीं हूं, मैं पुरुष हूं!

मुल्ला ने कहा, तब तो बड़ी हैरानी की बात है! तुम्हारी शक्ल मेरी पत्नी से बिलकुल मिलती-जुलती है, सिर्फ दाढ़ी-मूंछ का भेद है।

पर उस व्यक्ति ने कहा, दाढ़ी-मूंछ तो मुझे हैं ही नहीं!

मुल्ला ने कहा, मेरी पत्नी को हैं।

स्त्रैण पुरुष हैं, पुरुष जैसी स्त्रियां हैं, अनुपात अगर ज्यादा है। और इसलिए कभी ऐसी दुर्घटना भी घटती है कि कोई पुरुष पुरुष की तरह शुरुआत करता है और बाद की उम्र में स्त्री हो जाता है। कोई स्त्री स्त्री की तरह शुरुआत करती है, बाद की उम्र में पुरुष हो जाती है। तीन वर्ष पहले लंदन में एक बहुत अजीब मुकदमा चला। और वह मुकदमा यह था कि एक लार्ड परिवार के व्यक्ति ने एक स्त्री से विवाह किया। साल भर बाद उसने डायवोर्स के लिए, तलाक के लिए कोर्ट को कहा। और कोर्ट को तलाक के वक्त उसने यह कहा कि यह स्त्री नहीं है। साल भर में वह स्त्री पुरुष हो गई थी।

फिर सारे परीक्षण हुए। लंबी खोज-बीन हुई। उस स्त्री ने कोई धोखा नहीं दिया था। लेकिन अनुपात बहुत कम रहा होगा। इक्यावन-उनचास जैसा कोई अनुपात रहे, तो

अनुपात गिर सकता है, बढ़ सकता है। और अब तो वैज्ञानिक कहते हैं कि इंजेक्शन देकर हम किसी भी पुरुष को स्त्री और किसी भी स्त्री को पुरुष बना सकते हैं। क्योंकि हार्मोन का ही फर्क है। तो हार्मोन कम-ज्यादा किए जा सकते हैं।

मैं यह इसलिए कह रहा हूं—बाइसेक्सुअलिटी है, प्रत्येक व्यक्ति दोनों यौन एक साथ है—यह मैं इसलिए कह रहा हूं ताकि आपको खयाल में आ सके कि आप संकल्प से भी शुरू कर सकते हैं और समर्पण से भी। अगर आप संकल्प से शुरू करते हैं और अंतिम लक्ष्य आपका समर्पण है, तो आप उत्तरायण पर निकल जाएंगे। और अगर आप संकल्प से शुरू करते हैं और अंतिम लक्ष्य संकल्प ही है, तो आप दक्षिणायन पर निकल जाएंगे। अगर आप समर्पण से शुरू करते हैं और अंतिम लक्ष्य समर्पण ही है, तो भी आप उत्तरायण पर निकल जाएंगे। और अगर आप समर्पण से शुरू करते हैं और अंतिम लक्ष्य संकल्प ही है, तो भी आप...

देखने वालों से प्रेम से प्रार्थना है, चुपचाप देखते रहेंगे। और ध्यान करने वाले लोग दूर-दूर फैल जाएं। जगह बना लें और दूर-दूर फैल जाएं। ध्यान करने वाले दूर-दूर फैल जाएं, जगह बना लें, फासले पर हो जाएं।

(पहले चरण में पंद्रह मिनट संगीत की धुन के साथ कीर्तन चलता रहता है।)

गोविंद बोलो, हरि गोपाल बोलो
गोविंद बोलो, हरि गोपाल बोलो
गोविंद बोलो, हरि गोपाल बोलो...
राधा रमण हरि गोपाल बोलो
राधा रमण हरि गोपाल बोलो
राधा रमण हरि गोपाल बोलो...

(दूसरे चरण में पंद्रह मिनट सिर्फ धुन चलती रहती है और भावों की तीव्र अभिव्यक्ति में रोना, हंसना, नाचना, चिल्लाना आदि चलता रहता है। तीस मिनट के बाद तीसरे चरण में ओशो पुनः सुझाव देना प्रारंभ करते हैं।)

बस शांत हो जाएं। आवाज बंद कर दें। शांत हो जाएं। आवाज बंद, हलन-चलन बंद। आवाज बिलकुल बंद कर दें। शक्ति जाग गई है, उसे भीतर रोकें।

आंख बंद कर लें, सब इंद्रियों को शिथिल छोड़ दें। आंख बंद कर लें, आवाज बंद कर दें। और जरा भी हिलें-डुलें नहीं, बिलकुल मुर्दे की भांति हो जाएं। जो शक्ति भीतर जाग गई है, उसे ऊपर की यात्रा पर जाने दें। सब तरफ से द्वार बंद कर दें।

आंख बंद। हलन-चलन बंद। आवाज बंद। अब अपने दाएं हाथ को माथे पर रख लें, दाएं हाथ को ले जाएं दोनों आंखों के बीच, तीसरे नेत्र के पास। नाउ पुट योर राइट हैंड पाम ऑन दि फोरहेड बिट्वीन दि आइब्रोज एंड रब दि थर्ड आई स्पॉट अपसाइड डाउन एंड साइडवेज। रब इट, रब इट, एंड विद दि वेरी रबिंग समथिंग हैपन्स इनसाइड, ए न्यू डोर ओपन्स, ए न्यू परसेप्शन इज़ हैपनिंग...

रगड़ें, आहिस्ता-आहिस्ता दोनों आंखों के बीच के स्थान को माथे पर रगड़ें... भीतर बहुत कुछ होगा, जैसे कोई नया द्वार खुल जाए और एक नया दर्शन उपलब्ध हो। रगड़ते ही रगड़ते भीतर प्रकाश फैलना शुरू हो जाएगा, अनंत प्रकाश...

रगड़ें, रगड़ें, भीतर अनंत प्रकाश फैल जाएगा, जैसे एक द्वार खुल गया और पिंजड़े से बाहर हो गए...

नाउ बी वन विद दि लाइट...नाउ फॉरगेट योरसेल्फ एंड रिमेंबर दि लाइट...नाउ यू आर नॉट, ओनली लाइट रिमेन्स...बी वन विद इट, बी कंप्लीटली डिजाल्व इन इट...

छोड़ दें, खो दें अपने को प्रकाश में, एक हो जाएं...अनुभव करें, अनुभव करें... प्रकाश है, प्रकाश ही प्रकाश है, प्रकाश ही प्रकाश है और प्रकाश के साथ एक हुए जा रहे हैं...एक हुए जा रहे हैं...

जिन्हें प्रकाश का खयाल न आ रहा हो, वे अपने दोनों हाथों को आंखों पर रख कर आंखों को आहिस्ता से दबाएं और प्रकाश की लहरें भीतर शुरू हो जाएंगी। दोज हू कैन नॉट फील दि लाइट, दे शुड पुट देयर बोथ हैंड्स ऑन देयर आइज एंड प्रेस योर पाम, प्रेस वेरी स्लोली...आंखों को दबाएं, दोनों आंखों पर रख कर हाथ और आहिस्ता दबाएं और भीतर प्रकाश की तरंगें शुरू हो जाएंगी...प्रकाश ही प्रकाश, अनंत प्रकाश... प्रकाश ही प्रकाश, अनंत प्रकाश...भीतर प्रकाश ही प्रकाश हो गया और आप उस भीतरी प्रकाश में खो गए...

दर्शक यहां बातचीत जरा भी न करें, देखते रहें चुपचाप, कोई बातचीत न करें। और जरा हट कर खड़े हों, किसी को भी बाधा आपसे नहीं होनी चाहिए।

प्रकाश ही प्रकाश, अनंत प्रकाश, अनुभव करें, अनुभव करें...प्रकाश को रोएं-रोएं में भर जाने दें, तन-मन में, सब ओर...प्रकाश के सागर में डूब जाएं, डूब जाएं, जैसे मछली सागर में हो, ऐसे प्रकाश के साथ एक हो जाएं...

अनुभव करें, अनुभव करें...प्रकाश के साथ ही साथ आनंद उतरना शुरू हो जाता है...प्रकाश के अनुभव के साथ ही साथ आनंद की तरंगें उतरनी शुरू हो जाती हैं... अनुभव करें, अनुभव करें...प्रकाश ही प्रकाश, प्रकाश ही प्रकाश...अनुभव करें... प्रकाश...और प्रकाश...और प्रकाश...आप खो गए, प्रकाश ही रह गया...

और प्रकाश के पीछे-पीछे ही आनंद की तरंगें भीतर फैलने लगेंगी, आनंद की लहरें भीतर उठने लगेंगी, आनंद रोएं-रोएं में छाने लगेगा...प्रकाश के पीछे ही आता है आनंद...प्रकाश के पीछे ही आता है आनंद...अनुभव करें, अनुभव करें, आनंद उतर

रहा, आनंद छा रहा, सब ओर से आनंद झर रहा...बिलकुल खाली घड़े की भांति हो जाएं, खाली घड़े में जैसे वर्षा की बूंदें भरती हों, आनंद भरता चला जाता है...

नाउ बी जस्ट ए नथिंगनेस, एन एंप्टी वेसल, एंड लेट दि वेसल बी फिल्ड टोटली विद ब्लिस...तन-मन-प्राण सब ओर आनंद को भर जाने दें, आनंद को भर जाने दें, आनंद के साथ एक हो जाएं...

आनंद ही आनंद शेष रह गया है...आनंद को अनुभव करें, अनुभव करें, रोएं-रोएं तक आनंद की तरंगों को फैलने दें...हृदय के भीतर हृदय की धड़कन-धड़कन को आनंद से भर जाने दें...श्वास-श्वास आनंद से भर जाने दें... आनंद...

नाउ फील दि ब्लिस, नाउ बी फिल्ड विद ब्लिस, नाउ बी वन विद दि ब्लिस...एक हो जाएं, एक हो जाएं, एक हो जाएं...

जो लोग आनंद को अनुभव न कर पा रहे हों, वे अपने दाएं हाथ को हृदय पर रख लें और आहिस्ता से दबाएं। पुट योर राइट हैंड पाम ऑन योर हार्ट एंड प्रेस दि स्पॉट। दोज हू आर नॉट फीलिंग ब्लिस, दे शुड पुट देयर राइट हैंड पाम ऑन दि हार्ट, एंड देन प्रेस दि स्पॉट, प्रेस दि स्पॉट...

दबाते ही भीतर आनंद की तरंगें फैलनी शुरू हो जाएंगी। जैसे कोई पत्थर फेंक दे झील में और लहरें उठ जाएं, ऐसा ही हृदय को दबाते ही तरंगें फैलनी शुरू हो जाएंगी...जस्ट बाइ प्रेसिंग योर हार्ट, वेव्स ऑफ ब्लिस आर कमिंग...एंड दे गो ऑन स्प्रेडिंग, दे गो ऑन स्प्रेडिंग...

आनंद अनुभव करें, आनंदित हों, आनंद अनुभव करें, आनंद में डूब जाएं, एक हो जाएं...आनंद अनुभव करें, आनंद अनुभव करें, आनंदित हों, आनंद अनुभव करें, आनंदित हों...रोएं-रोएं में, श्वास-श्वास में आनंद को भर जाने दें...

आनंद...आनंद...आनंद...फील ब्लिस...मोर ब्लिस...मोर ब्लिस...एंड बिकम वन विद इट...एक हो जाएं, एक हो जाएं, एक हो जाएं इस आनंद के साथ...

और आनंद के पीछे-पीछे ही परमात्मा की मौजूदगी अनुभव होने लगती है...और आनंद की सघनता ही परमात्मा की मौजूदगी बन जाती है...आनंद को अनुभव करें, और पीछे-पीछे परमात्मा का स्पर्श आने लगता है...डीपर वन इज़ इन ब्लिस, डीपर वन गोज इनटु दि डिवाइन...परमात्मा को अनुभव करें, चारों ओर वही घेरे खड़ा है, चारों ओर उसी का स्पर्श है, बाहर-भीतर वही स्पर्श कर रहा है...

नाउ डिजाल्व योरसेल्फ कंप्लीटली एंड फील दि प्रेजेंस ऑफ दि डिवाइन...आती श्वास में वही है, जाती श्वास में वही है...अनुभव करें, परमात्मा के स्पर्श को अनुभव करें और उसका स्पर्श तन-प्राणों को नृत्य से भर देगा और एक नई सुवास से...स्पर्श अनुभव करें और भीतर अनुभूति उतरनी शुरू हो जाएगी...उसकी मौजूदगी अनुभव करें और भीतर हृदय नाचने लगेगा...उसकी मौजूदगी अनुभव करें और भीतर सुगंधित हो उठेगा...अनुभव करें, उसकी मौजूदगी अनुभव करें, और आप एक मंदिर बन जाते

हैं...उसकी मौजूदगी अनुभव करें...फील दि डिवाइन आल अराउंड एंड यू बिकम दि डिवाइन्स टेंपल...अनुभव करें...

जिन लोगों को मौजूदगी अनुभव न होती हो, वे एक सेकेंड के लिए श्वास को रोक दें जहां है वहीं। दोज हू आर नॉट एबल टु फील दि डिवाइन, दे शुड स्टॉप देयर ब्रेथ एज इट इज़, स्टॉप फॉर ए मोमेंट। एंड दि मोमेंट ब्रेथ इज़ स्टॉप्ड, दि प्रेजेंस इज़ फेल्ट।

एक सेकेंड को श्वास को रोकें वहीं जहां है, श्वास के रुकते ही उसकी मौजूदगी अनुभव होगी...परमात्मा चारों ओर मौजूद है...अनुभव करें, अनुभव करें...वही मौजूद है, चारों ओर वही मौजूद है...परमात्मा मौजूद है, वही मौजूद है, वही मौजूद है...अब आप मिट गए, वही है...

और ध्यान की अंतिम स्थिति अनुभव करें। अब उसकी मौजूदगी ही नहीं, आप स्वयं परमात्मा हैं। मैं स्वयं परमात्मा हूं। अनुभव करें : अहं ब्रह्मास्मि! उसकी मौजूदगी ही नहीं, अब मैं तो मिट गया, अब वही है...मैं स्वयं परमात्मा हूं...अनुभव करें—मैं स्वयं परमात्मा हूं...नाउ नॉट ओनली दि प्रेजेंस ऑफ दि डिवाइन, नाउ फील दैट यू आर दि डिवाइन...व्हेन यू आर नॉट, यू आर दि डिवाइन...नाउ फील, नाउ रिमेंबर, नाउ रियलाइज—आई एम दि डिवाइन...मैं ही प्रभु हूं, मैं ही प्रभु हूं...अनुभव करें, आनंद को अनुभव करें, आनंद को अनुभव करें, आनंद को...मैं ही प्रभु हूं...

अब दुबारा अपने दाएं हाथ की हथेली को माथे पर रख लें और आहिस्ता से रगड़ें। नाउ पुट अगेन योर राइट हैंड पाम ऑन दि फोरहेड बिट्वीन दि टू आइब्रोज एंड रब दि स्पॉट, रब दि थर्ड आई स्पॉट, एंड मच विल हैपन इनसाइड...रगड़ें, भीतर बहुत कुछ होगा, जैसे अचानक कोई द्वार खुल जाए, जैसे अचानक रात के अंधेरे में बिजली चमक जाए...नाउ रब, रब दि थर्ड आई स्पॉट एंड सम डोर, अननोन डोर ओपन्स इनसाइड... रगड़ें, रब दि स्पॉट, रब दि स्पॉट एंड फील दि ट्रांसफार्मेशन इनसाइड...भीतर होते परिवर्तन को अनुभव करें...भीतर बहुत कुछ बदलेगा, सब कुछ बदलेगा, सारी चेतना ही बदल जाती है, आप किसी दूसरी दुनिया में प्रवेश कर जाते हैं...

ठीक, अब दोनों हाथ आकाश की ओर ऊपर उठा लें। नाउ रेज़ योर बोथ हैंड्स टुवर्ड्स दि स्काई। आंखें आकाश की ओर उठा लें, आंखें खोलें, आकाश को देखें और आकाश को आपके भीतर देखने दें...

नाउ रेज़ योर बोथ हैंड्स टुवर्ड्स दि स्काई, ओपन योर आइज, नाउ सी दि स्काई एंड लेट दि स्काई सी इनटु यू...लेट देयर बी ए कम्यूनियन बिट्वीन यू एंड दि स्काई... आकाश और आपके बीच एक संवाद को घटित होने दें...आलिंगन में दोनों हाथ फैला दें और आकाश के हृदय को आपके हृदय के पास आने दें...नाउ बी इन एन एम्ब्रेस विद दि स्काई...

और अब हृदय में जो भी भाव उठता हो उसे पूरी तरह प्रकट होने दें। नाउ एक्सप्रेस योरसेल्फ टोटली, व्हाट सो एवर इज़ इनसाइड, लेट इट बी एक्सप्रेस्ड...बिलकुल पागल हो जाएं, जो भी भीतर हो रहा हो उसे प्रकट करें...

नाउ जस्ट बी मैड इन एक्सप्रेसिंग...रोकें नहीं, पूरे पागल हो जाएं, सब प्रकट कर दें, जो भी भीतर हो रहा हो...

बस, अब रुक जाएं। दोनों हाथ जोड़ लें और परमात्मा के चरणों में सिर रख दें, धन्यवाद दे दें। दोनों हाथ जोड़ लें और परमात्मा के चरणों में सिर रख दें, धन्यवाद दे दें। दोनों हाथ जोड़ लें। नाउ रेज़ योर बोथ हैंड्स इन ए नमस्कार पोस्चर एंड पुट योर हेड इनटु दि डिवाइन्स फीट। दोनों हाथ जोड़ लें, परमात्मा के चरणों में सिर झुका लें।

आदमी अकेला काफी नहीं, परमात्मा की सहायता चाहिए। उसकी अनुकंपा के बिना कुछ भी न हो सकेगा, उसकी अनुकंपा चाहिए। हृदय में भीतर-भीतर भाव को फैलने दें: प्रभु की अनुकंपा अपार है, प्रभु की अनुकंपा अपार है, प्रभु की अनुकंपा अपार है। दाइ ग्रेस इज़ इनफिनिट, दाइ ग्रेस इज़ इनफिनिट, दाइ ग्रेस इज़ इनफिनिट। प्रभु की अनुकंपा अपार है, प्रभु की अनुकंपा अपार है, प्रभु की अनुकंपा अपार है, प्रभु की अनुकंपा अपार है।

दो-चार गहरी श्वास ले लें और ध्यान से वापस लौट आएं। दो-चार गहरी श्वास ले लें और ध्यान से वापस लौट आएं। हमारी सुबह की बैठक पूरी हुई।

दो-तीन बातें आपसे कहनी हैं।...इस प्रयोग को आप घर जारी रखें, ठीक ऐसे ही जैसे हम यहां कर रहे हैं। पड़ोसियों का भय छोड़ दें, इस प्रयोग को जारी रखें। बहुत मित्रों को तो यहां परिणाम हो रहे हैं, कोई सत्तर प्रतिशत लोगों को परिणाम हुए। जो तीस प्रतिशत लोगों को परिणाम नहीं हुए, उसका कुल कारण इतना है कि वे पूरा साहस और पूरी हिम्मत नहीं जुटा पाए। परमात्मा तक पहुंचने में साहस की कमी के अतिरिक्त और कोई बाधा नहीं है। जिन्हें यहां न भी हो पाया हो, वे भी घर पर जारी रखें। दो-चार-आठ दिन, पंद्रह दिन बीतते, कभी भी घटना घट जाएगी। और एक बार घट जाए, तो फिर आपकी आगे की यात्रा प्रारंभ हो जाती है।

हमारी सुबह की बैठक पूरी हुई।

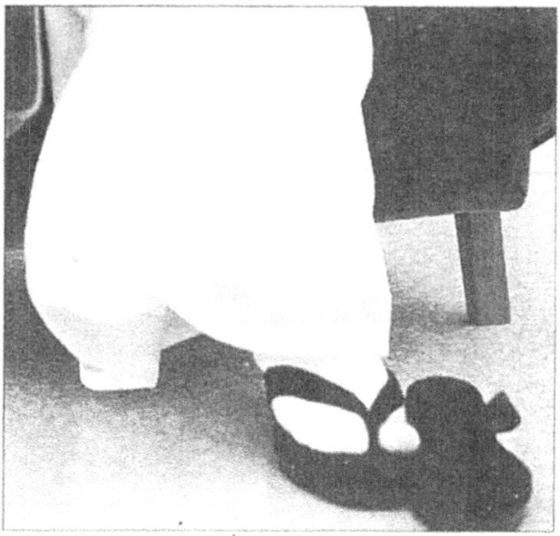

प्रवचन 10

ध्यान : जीवन में क्रांति

जीसस ने कहा है: जो भारग्रस्त हैं, चिंता से भरे हैं, जिनका मन विक्षिप्तता का बोझ हो गया है, वे मेरे पास आएं, मैं उन्हें निर्भार कर दूंगा।

यही मैं तुमसे भी कहता हूं। चिंताएं, दुख, पीड़ाएं, संताप इसलिए हैं, क्योंकि तुमने इन्हें जोर से पकड़ रखा है। चिंताएं किसी को पकड़ती नहीं, दुख किसी को पकड़ते नहीं, आदमी ही उन्हें पकड़ लेता है।

ध्यान की सारी प्रक्रिया दुख छोड़ने की, पीड़ा छोड़ने की प्रक्रिया है। धन नहीं छोड़ना है, संसार नहीं छोड़ना है; छोड़ देना है दुख को पकड़ने की वृत्ति। और एक बार यह अनुभव हो जाए कि दुख ने आपको नहीं, आपने दुख को पकड़ा हुआ था, तो जीवन में क्रांति घटित हो जाती है। क्योंकि फिर कोई भी जान कर दुख को पकड़ नहीं सकता। दुख को हम तभी तक पकड़ सकते हैं, जब तक हम सोचते हों कि दुख हमें पकड़ लेता है और हम असहाय हैं। उलटी ही है बात। दुख की सामर्थ्य नहीं किसी को पकड़ने की। हम ही पकड़ते हैं। और हम ही छोड़ भी सकते हैं।

ध्यान है छोड़ना—दुख का, पीड़ा का, संताप का। जो नरक हम निर्मित किए हैं अपने लिए, वह हमारा ही सृजन है। और आदमी के मन में ही हैं दोनों संभावनाएं—या तो बना ले नरक, या बना ले स्वर्ग।

और यही मन जो नरक बनाता है, स्वर्ग को बनाने वाला भी बन जाता है। और भेद बहुत थोड़ा है। सिर्फ छोड़ने की कला। एक लेट गो। सब कुछ समर्पित कर देने की संभावना, एक बार खुल जाए, तो स्वर्ग उतर आता है।

जीसस ने जो कहा है वही मैं तुमसे भी कहता हूं। इस प्रयोग में सब कुछ मुझ पर छोड़ दो। प्रयोग की पूरी विधि तुम्हें छोड़ने के लिए तैयार करवाने के लिए ही है। अगर कोई बिना विधि के छोड़ सके, तब किसी भी विधि की कोई जरूरत नहीं है।

लेकिन आदत है पुरानी। पकड़ना है जन्मों-जन्मों का। इसलिए छोड़ना आसान नहीं होता। सब उपाय, छोड़ना आसान बनाने को हैं। सब उपाय निषेधात्मक हैं, निगेटिव हैं। जैसे ही तुम छोड़ दोगे, वैसे ही भर जाओगे असीम की अनुकंपा से। यहां छोड़ा और वहां भरना शुरू हो जाता है। यहां तुम खाली हुए और वहां मेघ बरसने शुरू हो जाते हैं—अमृत के, आनंद के।

पर तुम्हारा खाली होना जरूरी है। इस खाली होने के लिए तीन चरण ध्यान के ठीक से समझ लें। चौथा चरण नहीं है, चौथा तीन के बाद विश्राम है।

पहला चरण है ध्यान का: आठ मिनट तक भस्त्रिका, अराजक श्वास-प्रश्वास। कोई व्यवस्था नहीं, कोई अनुशासन नहीं श्वास का। सिर्फ उलीचना, जैसे लोहार की धौंकनी चलती हो। फेंकना श्वास को बाहर—पूरी शक्ति से, कुछ भी भीतर न बचे। और लेना श्वास को भीतर—पूरी शक्ति से, जितना भी भीतर भरा जा सके। और भूल जाना शेष सब। इतना ही स्मरण रखना कि तुम सिर्फ लोहार की धौंकनी हो गए हो। श्वास आए, जाए; श्वास आए, जाए। सारी शक्ति एक ही काम पर नियोजित कर देना—श्वास लेने और श्वास छोड़ने पर।

श्वास सेतु है, जहां से तुम जुड़े हो शरीर और आत्मा में। श्वास के हटते ही शरीर मृत हो जाता है। श्वास बीच का जोड़ है। इसलिए जिसे भी भीतर प्रवेश करना है, पहली कोशिश श्वास के साथ ही करनी होती है। जब तुम सब भूल जाते हो—शरीर भी, स्वयं को भी, विचारों को भी—और एक ही क्रिया रह जाती है श्वास-प्रश्वास की, तब तुम शरीर से हट गए और सेतु पर खड़े हो गए, मध्य में, जहां से एक द्वार शरीर की तरफ खुलता है और एक द्वार आत्मा की तरफ खुलता है।

यह अपने आप में भी बड़ी घटना है, क्योंकि इस सेतु पर खड़े होते ही तत्क्षण दिखाई पड़ना शुरू हो जाता है कि तुम देह नहीं हो।

तो पहले आठ मिनट, जितनी तुम में हो शक्ति, सब लगा कर, श्वास पर जैसे पूरा जीवन ही दांव पर लगा देना है। इस श्वास के प्रयोग में तुम्हारी शक्ति में, तुम्हारे शरीर में अनूठे परिवर्तन होंगे। सारा छिपा हुआ शरीर का जो विद्युत स्रोत है, वह सजग हो जाएगा। रोएं-रोएं में विद्युत प्रवाहित होने लगेगी। पूरा शरीर एक विद्युत-प्रवाह बन जाएगा। अनुभव तुम करोगे कि जैसे शरीर मिट्टी-मांस-मज्जा का बना हुआ नहीं, वरन विद्युत-किरणों से निर्मित है, ऊर्जा निर्मित है।

यह जो शरीर-ऊर्जा है, यह जो बायो-एनर्जी है, जीव-ऊर्जा है, यह जग जाए तो ही अंतर्यात्रा पर जाया जा सकता है। क्योंकि यही ऊर्जा अंतर्यात्रा के लिए ईंधन का, फ्यूल का काम करती है। और बिना ईंधन के तुम यात्रा पर न जा सकोगे। इसलिए जो कंजूसी करेगा, कृपणता करेगा पहले चरण में, वह पहले पर ही अटक जाएगा, दूसरे में कोई यात्रा न होगी। पहला चरण जब अपनी चरम स्थिति में हो, तभी दूसरे में छलांग लगती है। तो पहले चरण को पूरा करना, ताकि तुम्हारा शरीर पदार्थ न मालूम पड़े, शक्ति मालूम

पड़ने लगे। शरीर की जो पार्थिवता है, वह खो जाए और एक तरल ऊर्जा का अनुभव तुम्हें होने लगे कि शरीर शक्ति-पुंज है। तीव्र श्वास का प्रयोग अनिवार्य रूप से इस परिणाम को ले आता है। तुम्हें कुछ और करना नहीं, श्वास पर पूरा दांव लगा देना है। जैसे ही तुम्हारा शरीर शक्ति की एक धारा बन जाती है, तब फिर अंतर्यात्रा शुरू हो सकती है।

दूसरे चरण में आठ मिनट तक, शरीर में जो भी दबा हुआ पड़ा है...हजार-हजार रोग हैं—शरीर के, मन के, जो हमने दबाए हैं। वे रोग ही हिमालय की तरह बाधा बन गए हैं भीतर की यात्रा में। और जब तक उन रोगों को तोड़ा न जा सके, विघटित न किया जा सके, जब तक उन रोगों को हम बाहर फेंक न दें अपने से, तब तक हम हलके और निर्भार न हो पाएंगे।

तो दूसरा चरण है रेचन का, कैथार्सिस का। तुम्हें उलीच देना है, अपने सब रोगों को बाहर। तुम ऐसा ही समझना कि सब रोग मुझे दे रहे हो। सब मुझे दे दो। सब छोड़ दो। कुछ भी बचाना मत। और जो भी होना चाहे, सहज उसे होने देना। कोई रोने लगेगा, कोई चीखने लगेगा, कोई चिल्लाने लगेगा, कोई नाचने लगेगा, कोई छाती पीटने लगेगा, किसी का चेहरा क्रोध के आवेश से भर जाएगा, कोई लगेगा कि बिलकुल विक्षिप्त हो गया। रोकना मत, जो भी हो रहा हो, पूरी तरह छोड़ देना मेरे हाथों में। और तुम से सिर्फ रोग मांगता हूं, इनको छोड़ देना।

इनको छोड़ते ही तुम भीतर हलके होने लगोगे। जैसे किसी को बहुत ऊंची उड़ान भरनी हो, तो फिर भार नहीं चाहिए। और जैसे कोई हिमालय चढ़ रहा हो, तो फिर बोझ कम करना होता है। अपना ही बोझ काफी है। और रोगों का बोझ साथ ले जाने की कोई जरूरत नहीं है। अपने पंखों से सारा बोझ मेरे पास फेंक दो।

तुम यही सोचना दूसरे चरण में कि तुम्हारे भीतर जो भी दबा हुआ, दमित, पागलपन है, वह सब तुम्हें समर्पित कर देना है। और जैसे ही तुम समर्पण करने लगोगे, तुम्हारे भीतर से एक धारा शुरू हो जाएगी। तुमने जीवन में जो-जो दबाया है, वह सब निकलने लगेगा।

न तुम कभी रोए हो खुल कर, न कभी हंसे हो खुल कर, न कभी क्रोध किया है। जो भी तुमने किया है सब दबा-दबा है, अधूरा-अधूरा है। वह सब इकट्ठा हो गया है तुम्हारे भीतर। और यह एक दिन का नहीं है, एक जन्म का नहीं है, जन्मों का है। लंबी यात्रा की धूल है। और वही तुम्हें दबाए है, वही तुम्हारी छाती पर पत्थर बन कर बैठ गई है।

और हमारी सभ्यता, समाज, संस्कार, सभी दमन के पक्ष में हैं। क्योंकि समाज जी नहीं सकता। समाज दबाएगा, संस्कार दबाएंगे। लेकिन तुम अगर समाज के इस दमन को ढोते ही चले जाते हो, और किसी दिन इसको फेंक कर अलग नहीं हो जाते, तो तुम्हारी कोई मुक्ति नहीं है। समाज के लिए जो सुविधा है, वही तुम्हारा बंधन है।

पर इसका यह अर्थ नहीं है कि तुम्हें क्रोध आए तो तुम किसी पर क्रोध कर लेना और किसी की हत्या करने का मन हो तो हत्या कर देना। ध्यान की यही कीमिया

है—कि क्रोध तुम्हें आए तो व्यक्ति पर प्रकट मत करना, ध्यान में शून्य में विसर्जित कर देना। हत्या करने का वेग हो, उस वेग को भी शून्य में विसर्जित कर देना।

तो दूसरे चरण में, तुम्हारे मन में जो भी आ जाए, उसे निःसंकोच, बिना किसी बाधा के प्रकट करना है, अभिव्यक्ति देनी है, सहयोग देना है। रोना आ रहा है, तो पूरी शक्ति रोने में लगा देना। चीखने का मन हो रहा है, तो पूरी शक्ति चीखने में लगा देना। अर्थ मेरा है कि तुम चीख ही बन जाना। तुम भूल ही जाना कि तुम कुछ और हो। एक चीख भी तुम्हें हलका कर जाएगी। जो घट रहा हो उसमें तुम अपना पूरा सहयोग दे देना। सब तरह के संकोच को छोड़ देना। और अनुभव करना कि सारी बीमारी, सारे रोग, सारा दमित उपद्रव, सारी धूल तुम मुझे दिए दे रहे हो। क्योंकि तुम मुझे यह न दे सको, तो मैं तुम्हें आनंद नहीं दे सकता हूं। तुम मुझे यह दे दो, तो तुम खाली हो जाओगे और आनंद से भरे जा सकते हो।

त्याग के लिए बहुत लोगों ने कहा है—कि धन छोड़ना, मकान छोड़ना, घर, प्रियजन, परिवार छोड़ना। मैं तुमसे सिर्फ दुख छोड़ने की बात करता हूं। सिर्फ दुख छोड़ देना। और तुम अगर दुख देने को राजी हो, तो मैं तुम्हें आनंद देने को राजी हूं। वह इसी क्षण घटित हो सकता है।

दूसरा चरण अगर पूरा हो जाए, तो तुम खाली पात्र की भांति हो जाओगे, जिसमें अब कुछ भी मैल, कोई भी धूल इकट्ठी नहीं। या एक ऐसे दर्पण की भांति हो जाओगे, जिसकी हमने युगों-युगों की धूल साफ कर दी। और अब उसमें प्रतिबिंब बन सकता है—निखालिस, शुद्ध।

अगर दूसरा चरण अधूरा रह गया, तो तीसरे में प्रवेश नहीं होगा। क्योंकि सभी छलांग पूर्णता से लगती हैं। जब दूसरा चरण पूरा होता है, तभी तुम उस शिखर पर होते हो जहां से तीसरे में कूद सको। प्रत्येक चरण एक अनिवार्य श्रृंखला है। अगर एक भी अधूरा रह जाता है, तो तुम वहीं अटक जाओगे। और यह दूसरा कठिन है, क्योंकि पहला तो सिर्फ श्वास का लेना था। यह दूसरा कठिन है, क्योंकि तुम डरोगे कि तुम्हारे भीतर कैसा-कैसा पागलपन छिपा है। तुम प्रकट न करना चाहोगे जो भीतर है।

लेकिन अगर तुम अपनी बीमारी ही प्रकट करने को राजी नहीं, तो फिर कोई औषधि भी उस बीमारी के लिए नहीं खोजी जा सकती। और अगर तुम बीमारी प्रकट करने को राजी नहीं, तो कोई शल्य-चिकित्सा, कोई सर्जरी भी नहीं हो सकती। तुम्हारे दबे हुए घाव उघाड़ने ही पड़ेंगे। तुमने कितने ही उन्हें छिपा रखे हों, उन्हें वापस आविष्कृत करना होगा, ताकि तुम्हारी उनसे मुक्ति कराई जा सके।

तो मेरे सामने इस प्रयोग में तुम पूर्णतया नग्न, जो तुम्हारे भीतर है, उसको कुछ भी छिपाना मत। उसे पूरा प्रकट हो जाने देना। और भय छोड़ देना कि कोई क्या कहेगा। वही भय ध्यान के लिए बाधा है। किसी की भी चिंता मत करना। एक ही चिंता करना कि मैं स्वस्थ हो जाऊं, मेरी सारी बीमारियां छूट जाएं।

इस दूसरे चरण में तुम बिलकुल विक्षिप्त हो जाओगे। क्योंकि जैसी स्थिति है, हर आदमी विक्षिप्त समाज में पैदा होता है। और इसके पहले कि होश सम्हाले, खुद भी पागल हो जाता है। एक बड़ी पागलों की भीड़ है। वह भीड़ तुम्हें होश नहीं सम्हालने देती, उसके पहले ही तुम्हें विक्षिप्त और रुग्ण कर देती है।

तो जब तुम प्रकट करने लगोगे, तुम्हारे भीतर का पागल बाहर आना शुरू होगा। तुम उसे मुझे दान कर देना। तुम उसे पूरे भाव से मेरे पास छोड़ देना। तो दूसरे चरण में पूरी विक्षिप्तता को सहयोग देना।

दूसरे चरण के बाद तीसरा चरण। जब तुम खाली हो जाओगे तुम्हारे रोगों से, दमित वेगों से, तुम्हारे भीतर के उपद्रव जब तुम बाहर फेंक दोगे, तभी तीसरे चरण का उपयोग हो सकता है। क्योंकि तीसरा चरण एक महामंत्र है। यह महामंत्र है एक ध्वनि—हू हू हू। इस ध्वनि को इतने जोर से करना है कि तुम्हारा सारा तन-प्राण का पूरा संस्थान उसमें लग जाए। तुम्हारा मन भी गूंज उठे 'हू' से। तुम्हारा तन भी गूंज उठे 'हू' से। तुम्हारे भीतर कुछ न बचे जो 'हू' नहीं कर रहा है। तुम्हारा एक-एक जीवाणु, श्वास-श्वास, तुम्हारा एक-एक रोआं 'हू' की ध्वनि से भर जाए, हुंकार से भर जाए।

जब तुम खाली हो गए हो, तभी इस ध्वनि का उपयोग किया जा सकता है। जब तुम पागलपन से भरे हो और विक्षिप्त आवाजें तुम्हारे भीतर हैं और एक भीड़ तुम्हारे भीतर चल रही है, तब यह 'हू' की ध्वनि तुम्हारे भीतर प्रवेश नहीं कर सकती। जब तुम बिलकुल खाली हो और भीतर मौन हो गया और शून्य हो गया, तब इस 'हू' की ध्वनि से, तुम्हारे भीतर वह जो विराट छिपा है, उस पर चोट पड़नी शुरू हो जाती है।

इस 'हू' की ध्वनि के अनेक परिणाम हैं। पहला, जैसे ही तुम इस हुंकार से भरना शुरू होते हो, वैसे ही तुम्हारी काम-ऊर्जा, सेक्स-सेंटर पर भीतर चोट पड़नी शुरू हो जाती है। और मनुष्य के पास जो शक्ति है वह एक ही है, वह है काम-ऊर्जा। काम-ऊर्जा अगर बाहर की तरफ बहे तो जैविक-संतति का उत्पादन बन जाती है। काम-ऊर्जा अगर भीतर की तरफ बहने लगे तो आध्यात्मिक जन्म शुरू हो जाता है।

काम-ऊर्जा जन्म-दात्री है। काम का जो केंद्र है, उस पर चोट साधारणतः बाहर से होती है। एक पुरुष एक स्त्री को देखता है, और एक चोट तुम्हारे काम-केंद्र पर हो जाती है। एक स्त्री एक पुरुष से आकर्षित होती है, और उसके काम-केंद्र पर तत्काल बाहर से चोट शुरू हो जाती है। यह चोट भी विद्युत की ही चोट है। पुरुष विद्युत का एक प्रकार है और स्त्री एक प्रकार। और दोनों विरोधी विद्युत के ध्रुव हैं, एक-दूसरे को आकर्षित करते हैं। पर यह आकर्षण की चोट सदा बाहर से पड़ती है। और जहां से चोट पड़ती है, उसी तरफ काम-ऊर्जा प्रवाहित होनी शुरू हो जाती है।

'हू' की ध्वनि भीतर से चोट करने की कोशिश है। जब तुम जोर से 'हू' चिल्लाते हो, तब यह 'हू' की ध्वनि तुम्हारे भीतर जाती है, ठीक नाभि के नीचे, काम-केंद्र पर जाकर जोर से चोट करती है। यह भीतर से चोट है, उसी केंद्र पर। और इस चोट को

इतने जोर से करना है कि केंद्र भीतर से टूट जाए। और जैसे ही यह केंद्र भीतर से टूटता है—एक छोटा सा सूराख भी—और तुम्हारे भीतर ऊर्जा चढ़नी शुरू हो जाती है। जिसे योग ने कुंडलिनी कहा है। या और अलग-अलग नाम दिए हैं। नाम से कुछ भेद नहीं पड़ता। काम-ऊर्जा ही अंतर्मुखी होकर अध्यात्म शक्ति बन जाती है।

इसे तुम प्रत्यक्ष अनुभव करोगे। जैसे ही 'हू' की चोट पड़नी शुरू होगी, भीतर एक उत्तप्त प्रवाह तुम्हारी काम-ऊर्जा का चढ़ना शुरू हो जाएगा ऊपर की तरफ। तुम उसे शरीर में भी अनुभव करोगे। ठीक तुम्हारी रीढ़ में कोई नया प्रवाह धारा का शुरू हो रहा है। रीढ़ उत्तप्त होने लगेगी, जैसे कोई गरम लावा भीतर प्रवाहित होता हो। और जैसे-जैसे यह लावा तुम्हारी रीढ़ में ऊपर चढ़ने लगेगा, वैसे-वैसे तुम पाओगे तुम बदलने लगे, तुम दूसरे होने लगे, एक नये आदमी का आविर्भाव होने लगा।

जितने ऊपर जाता है यह काम-ऊर्जा का प्रवाह तुम्हारी रीढ़ में, उतने ही ऊंचे बिंदुओं से तुम जीवन को देखना शुरू कर देते हो। काम-केंद्र पर खड़ी हुई ऊर्जा शरीर से ज्यादा और कुछ भी अनुभव नहीं कर सकती। वह निम्नतम बिंदु है। और ऐसे सात चक्र हैं तुम्हारे शरीर में। एक-एक चक्र में प्रवेश होता है और तुम एक-एक नये शरीर का अनुभव शुरू कर देते हो। सातवें चक्र पर तुम अनुभव करते हो वह जगह, जिसको हमने द्वार कहा है मोक्ष का। क्योंकि उस जगह से तुम्हें अशरीरी, अपौदगलिक, अपार्थिव, इम्मैटीरियल का अनुभव शुरू हो जाता है।

यह कभी एक क्षण में भी हो सकता है, कभी लंबा समय भी लग सकता है। निर्भर करेगा तुम्हारी तीव्रता पर। कितनी गहन तुम चोट करते हो।

तो तीसरे चरण में 'हू' की इतनी चोट करनी है कि यह शक्ति का केंद्र भीतर टूटने लगे। और विद्युत-धारा, इस केंद्र से तुम्हारी रीढ़ में ऊपर की तरफ, ऊर्ध्वमुखी यात्रा पर निकल जाए।

तीसरा चरण जब पूरा हो जाएगा, तब मैं तुम्हें चौथे चरण के, जो कि वस्तुतः चरण नहीं, ठीक कहें तो ध्यान है। ये तीन तैयारी हैं। ये तीन हैं तैयारी चौथे में प्रवेश की। तुम सीधे चौथे में नहीं जा सकते, इसलिए इन तीन की जरूरत है। चौथे में कुछ भी करना नहीं है। जैसे ही तीसरा पूरा हो जाएगा, चौथे में तुम्हें लेट जाना, बैठ जाना, या खड़े रहना हो तो खड़े रहना है। शरीर को ऐसे छोड़ देना है चौथे में जैसे मुर्दा हो गया। जैसे तुम अब शरीर नहीं हो। हो भी नहीं, अगर तीन चरण पूरे हुए तो तुम शरीर हो भी नहीं। और शरीर को मुर्दे की तरह छोड़ना न पड़ेगा, छूट ही जाएगा। इस चौथे चरण में सिर्फ तुम्हें साक्षी बने रहना है, सिर्फ तुम्हें देखते रहना है भीतर जो भी हो रहा हो। बहुत कुछ घटेगा। तो चौथा चरण गहन प्रतीक्षा और साक्षी-भाव का है, विश्राम का है।

बहुत कुछ भीतर घटना शुरू होगा। पहली घटना सामान्यतया घटेगी कि तुम्हें बहुत अनूठे प्रकाश की प्रतीति होने लगेगी। अगर काम-ऊर्जा रीढ़ में प्रवेश कर गई, तो तत्क्षण प्रकाश का लोक तुम्हारे भीतर खुल जाता है। तुमने प्रकाश देखा है बाहर का।

उससे इसका कोई मेल नहीं है। जैसे हजार-हजार सूर्य भीतर इकट्ठे उग जाएं, वैसा प्रकाश तुम्हारे भीतर होने लगेगा।

उस प्रकाश से जरा भी भय मत लेना। क्योंकि हम अंधेरे में रहने के आदी हो गए हैं। और हमारी आंखें केवल अंधेरे की आदी हैं। भीतर हमारे बिलकुल अंधेरा है। वहां हमने कभी कोई प्रकाश नहीं देखा है। वहां जब पहली दफा प्रकाश होता है तो मन बहुत भयभीत होने लगेगा, तुम भयभीत मत होना। क्योंकि यहां मैं मौजूद हूं। तुम जरा भी चिंता मत करना। तुम सारी बात मुझ पर छोड़ देना। भयभीत जरा भी मत होना। और उस अंधेरे में जब पहली दफा प्रकाश का उदभव हो, तो तुम अहोभाव अनुभव करना, धन्यभाग अनुभव करना, प्रसन्न होना कि तुम्हें प्रसाद उपलब्ध हो रहा है। क्योंकि जितना तुम अहोभाव अनुभव करोगे, उतनी आसानी से इस प्रकाश में तुम लीन हो सकोगे। जिससे हम भयभीत हो जाते हैं, उससे हम दूर हो जाते हैं। जिससे हम प्रसन्न होते हैं, उसके हम निकट हो जाते हैं। और इस प्रकाश की निकटता चाहिए। क्योंकि अब यही प्रकाश तुम्हारा वाहन होगा और आगे की यात्रा का। जैसे-जैसे तुम इस प्रकाश के साथ तत्सम होने लगोगे, एक होने लगोगे, तुम्हारा तादात्म्य सध जाएगा, जैसे बूंद सागर में गिर जाए और एक हो जाए ऐसे जब तुम इस प्रकाश के सागर में गिर कर एक हो जाओगे, तो तत्क्षण तुम्हें दूसरा अनुभव शुरू होगा, जो आनंद का है।

तुमने सुख जाना है, दुख जाना है, आनंद कभी नहीं जाना। आनंद सुख नहीं है। आनंद एक और ही अनुभव है, जो उतना ही दूर है सुख से जितना दुख से। आनंद में सुख-दुख दोनों ही शून्य हो जाते हैं। क्यों? क्योंकि दुख भी बाहर से मिलता और सुख भी बाहर से मिलता। आनंद में बाहर से कुछ मिलता ही नहीं। पहली दफे तुम भिखारी नहीं रह जाते। पहली दफे तुम्हारे भीतर कुछ घटित होता है—जो बाहर से नहीं मिल रहा, जो तुम्हारा अपना है, जो तुम्हारा स्वधर्म है। यह आनंद तुम्हें तभी घेरेगा, जब तुम प्रकाश के साथ एक हो जाओगे।

तो दूसरी प्रतीति तुम्हें गहन आनंद की होगी। जैसे भीतर करोड़-करोड़ फूल एक साथ खिल जाएं। कोई अनूठा नाद बजने लगे। कोई दिव्य गंध भीतर फैलने लगे। ऐसा बहुत कुछ भीतर इस आनंद में होना शुरू होगा। प्रत्येक व्यक्ति को थोड़ा-थोड़ा अलग होगा। लेकिन हर स्थिति में आनंद की गहन प्रतीति होगी। और तुम्हें लगेगा: धन्य हुआ। और तुम्हें लगेगा कि जीवन सार्थक था। और तुम्हें लगेगा: होने में, होना मात्र इस क्षण में पर्याप्त है, और कुछ भी नहीं चाहिए। इस आनंद के क्षण में मन में कोई वासना नहीं रह जाती, कोई इच्छा नहीं पैदा होती, कोई मांग नहीं रह जाती। जैसे हो इस क्षण में, वैसा होना काफी है। और तुम पूरी तरह तृप्त हो।

इस परम तृप्ति से भी भय लगेगा। क्योंकि हम वासनाओं में जीए हैं। और हम सदा जीए हैं भविष्य के लिए—कुछ मिले। इस क्षण में सब मिलने की दौड़ बंद हो जाती है। तुम पहली दफा खड़े हो जाते हो। कोई दौड़ नहीं रह जाती। इसका तुम्हें अनुभव नहीं है।

पैर दौड़ना चाहेंगे, मन भागना चाहेगा। भय लगेगा—यह खड़ा होना कहीं मृत्यु तो न हो जाएगी? कहीं मैं रुक जाऊं तो मर तो नहीं जाऊंगा? यह क्षण इतना रुका हुआ है, सारी गति खो गई, सारा स्पंदन खो गया, तो तुम डर सकते हो—कहीं मौत तो नहीं आ जाएगी?

घबड़ाना मत। मैं मौजूद हूं। तुम सारी फिक्र मुझ पर छोड़ देना। मौत आएगी एक अर्थ में, तुम जो थे वह मर जाएगा। लेकिन जो मरेगा, वह वस्तुतः तुम थे नहीं, तुम्हें सिर्फ लगता था कि तुम हो। और जन्म भी होगा एक अर्थ में, क्योंकि तुम वस्तुतः जो हो उसका पहली दफे तुम्हें परिचय, पहला संपर्क, पहली प्रतीति, उससे पहली मुलाकात होगी। तो मृत्यु होगी पुराने की, जन्म होगा नये का। तुम रहोगे जो वस्तुतः तुम हो और तुम मिट भी जाओगे जो तुम नहीं थे।

भय मत लेना। अगर आनंद से भय लिया, तो तीसरा कदम नहीं उठ पाता। यह सोच कर तुम्हें कठिनाई लगेगी—कि आनंद से हम क्यों भय लेंगे? दुख से हम भयभीत होते हैं, आनंद से हम क्यों भयभीत होंगे?

पर तुम्हें पता नहीं; सभी नई चीजें भय से भर देती हैं। जिसका तुम्हें कोई अनुभव नहीं, अनजान, अपरिचित भय से भर देता है। अज्ञात भय से भर देता है। जाना-माना दुख भी अच्छा लगता है, परिचित है। उससे तुम गुजरे हो, उसमें कुछ डर नहीं। डर है सदा अज्ञात का, अननोन, वह घबड़ाता है। और आनंद से ज्यादा अज्ञात क्या है तुम्हें?

भय मत करना। यहीं गुरु उपयोगी हो जाता है। क्योंकि उन क्षणों में जहां तुम निश्चित ही भय करोगे, वह तुम्हें ढाढ़स दे सकेगा। वह तुम्हें कह सकेगा, घबड़ाओ मत, मैं साथ हूं।

आनंद के साथ जब तुम धन्यभाव का अनुभव करोगे और एक हो जाओगे, तो तीसरी प्रतीति तुम्हारे भीतर शुरू होगी जो परमात्मा की मौजूदगी की है। आनंद अगर तुम्हें अनुभव हुआ, तो तत्क्षण तुम पाओगे कि सब संसार मिट गया और सिर्फ परमात्मा ही रह गया। वह जो शंकर ने कहा है कि सब माया है, वह तुम्हें पता चलेगा इस क्षण में कि वह सब स्वप्न की भांति तिरोहित हो गया जो था। तुम किसी और ही लोक, किसी और ही आयाम में प्रविष्ट हो गए हो। चारों ओर दिव्य मौजूद है, सभी कुछ वही है, और तुम उसके सागर में हो।

यहां अंतिम भय पकड़ेगा, जो परमात्मा के द्वार पर पकड़ता है; क्योंकि इस द्वार पर तुम पूरी तरह ही मिट जाओगे। आनंद के अनुभव में तुम्हारा पुराना मिटता है, लेकिन नया हो जाता है। इस अनुभव में तुम बिलकुल ही नहीं बचोगे—न पुराने, न नये। तुम बचोगे ही नहीं। तुम्हारी सब सीमाएं टूट जाएंगी। तुम्हारा होने का भाव टूट जाएगा। अब परमात्मा ही बचेगा। तो और भी भय पकड़ता है, क्योंकि आदमी मिटना नहीं चाहता। आदमी का गहरा भय एक ही है कि कहीं मैं मिट न जाऊं। नॉन-बीइंग, कहीं ऐसा न हो कि मैं न हो जाऊं। बना रहूं, बचा रहूं।

इसलिए बुद्ध ने इस तीसरे अनुभव को परमात्मा का भी नाम नहीं दिया। बुद्ध ने इसे कहा है: निर्वाण। निर्वाण का अर्थ होता है: दीये का बुझ जाना। यह निर्वाण है, परमात्मा निर्वाण है। वहां तुम्हारा दीया बिलकुल बुझ जाएगा, क्योंकि उसकी कोई भी जरूरत नहीं। वहां स्रोत-रहित प्रकाश मौजूद है। तुम्हारे टिमटिमाते दीये को करोगे भी क्या? उसका कोई अर्थ भी नहीं है। वहां भी डर पकड़ेगा।

कुछ लोग प्रकाश के अनुभव पर रुक जाते हैं। कुछ लोग आनंद के अनुभव पर रुक जाते हैं। लेकिन जो परमात्मा तक नहीं पहुंचता, वह अभी परम तक नहीं पहुंचा। और उसे संसार में भटकना ही होगा। वह प्रकाश को अनुभव कर ले, तो भी भटकेगा। वह आनंद को अनुभव कर ले, तो भी भटकेगा। जब तक तुम फना ही न हो जाओ, जब तक तुम मिट ही न जाओ पूरे, तब तक तुम भटकोगे ही। तुम्हारा होना ही तुम्हारा भटकाव है।

तो इस तीसरे चरण में महामृत्यु तुम्हें घेर लेगी। क्योंकि परमात्मा का अनुभव होता ही तब है जब तुम नहीं होते। जब तक तुम हो, तब तक बाधा है। थोड़े से भी तुम हो, तो उतनी थोड़ी सी बाधा है। और एक झीना सा पर्दा भी परमात्मा और हमारे बीच हिमालय की तरह है। उतना भी काफी है। क्योंकि परमात्मा है अदृश्य। एक झीना सा पर्दा भी उसे पूरी तरह छिपा लेता है। एक पारदर्शी पर्दा भी उसे पूरी तरह छिपा लेता है। क्योंकि वह कोई आंख से दिखाई पड़ने वाली चीज नहीं है। इसलिए यह जो आखिरी पर्दा रह जाता है मेरे होने का, वह भी बाधा है।

बहुत घबड़ाहट लगेगी। लेकिन मेरा स्मरण करना और घबड़ाहट को छोड़ देना, और एक छलांग लगाना। ताकि तुम बिलकुल ही मिट जाओ। जहां तुम मिटते हो, वहीं परमात्मा का आविर्भाव है।...

मैं फिर सुझाव देना चाहता हूं। आंख बंद कर लें। और मन में संकल्प दोहरा लें तीन बार कि सब कुछ मेरे हाथ में छोड़ रहे हैं। सब कुछ मेरे हाथ में छोड़ रहे हैं। अपने पास कुछ भी न बचाएं, पूरी तरह निर्भार होकर यात्रा करें।

अब पहले चरण में प्रवेश करें। आठ मिनट तक श्वास ही श्वास...श्वास ही श्वास...सारी शक्ति श्वास पर लगा दें...सब भूल जाएं, सिर्फ श्वास लें...एक धौंकनी की तरह हो जाएं—श्वास बाहर, श्वास भीतर...जोर से करें...श्वास ही श्वास रह जाए...शरीर को भूल जाएं, श्वास ही रह जाए...बाहर-भीतर श्वास...श्वास... शरीर की शक्ति को पूरी चोट करें, जोर से चोट करें...

(इस प्रकार ओशो के सुझावों के साथ आठ मिनट तक तीव्र श्वास-प्रश्वास का प्रयोग चलता रहा। फिर दूसरा चरण प्रारंभ हुआ।)

अब दूसरे चरण में प्रवेश करें। जो भी भीतर है, सब निकाल दें—हंसें, नाचें, गाएं...जोर से...जोर से...जोर से...जोर से...जोर से...जोर से...

(दूसरे आठ मिनट में रेचन के, कैथार्सिस के प्रयोग में रोना, हंसना, नाचना, चिल्लाना आदि चलता रहा। ओशो बीच-बीच में जोर से करने का सुझाव देते रहे। फिर तीसरा चरण प्रारंभ हुआ।)

अब तीसरे चरण में प्रवेश करें। हू की आवाज—हू हू हू हू।...जोर से चोट करें, जोर से चोट करें, जोर से चोट करें...पूरी शक्ति, पूरी शक्ति दांव पर लगा दें...चोट करें...चोट करें...जोर से...जोर से...

(तीसरे चरण में आठ मिनट तक 'हू' का प्रयोग चलता रहा। ओशो जोर से 'हू' की चोट करने का सुझाव देते रहे। फिर चौथे चरण में प्रवेश हुआ।)

बस, अब शांत हो जाएं, शांत हो जाएं, अब शांत हो जाएं। चौथे चरण में प्रवेश करें। बिलकुल शांत हो जाएं...जैसे हैं ही नहीं, जैसे मृत्यु घट गई...शरीर को छोड़ दें मुर्दे की भांति...कोई आवाज नहीं, कोई हलन-चलन नहीं...शक्ति जाग गई, उसे भीतर काम करने दें...सब तरह अपने को रोक दें, कुछ भी अभिव्यक्त न हो, बिलकुल रोक लें...आंख बंद रखें, शरीर को मुर्दे की भांति छोड़ दें...शक्ति जाग गई, उसे भीतर काम करने दें...रोकें, कोई आवाज नहीं...

अब अपने दाएं हाथ की हथेली को माथे पर रखें, तीसरे नेत्र की जगह, ठीक दोनों भौंहों के मध्य में, और आहिस्ता से रगड़ें...यही वह जगह है, जहां से अंतर्यात्रा शुरू होती है। यही है वह केंद्र, जो खुल जाए तो प्रकाश का आयाम खुल जाता है... आहिस्ता से रगड़ें, आहिस्ता से रगड़ें...तृतीय नेत्र को आहिस्ता से रगड़ें...

रगड़ें, सारी शक्ति तीसरे नेत्र के पास इकट्ठी हो रही है...सारी शक्ति खिंच कर तीसरे नेत्र के पास इकट्ठी हो रही है...अनुभव करें, सारी शक्ति तीसरे नेत्र पर इकट्ठी हो रही है...आहिस्ता से रगड़ें, पूरी जीवन-ऊर्जा इसी केंद्र पर आ गई है...आहिस्ता से रगड़ें...रगड़ते-रगड़ते ही भीतर प्रकाश दिखाई पड़ना शुरू हो जाएगा...रगड़ते-रगड़ते ही भीतर प्रकाश का द्वार खुल जाएगा...

अब रगड़ना बंद कर दें और गहरे प्रकाश में प्रवेश कर जाएं...भीतर प्रकाश ही प्रकाश फैल गया...अनंत प्रकाश, जैसा प्रकाश कभी न देखा हो, जैसे हजार-हजार सूरज एक साथ निकल आए हों...भय न करें, डरें न, इस प्रकाश के साथ एक हो जाएं...छोड़ दें अपने को प्रकाश की धारा में, प्रकाश के साथ बहने को राजी हो जाएं। जैसे प्रकाश एक नदी है और आप उसमें अपने को छोड़ दिए...तैरें भी मत, सिर्फ बहें।

प्रकाश के साथ बहते चले जाएं...प्रकाश ही प्रकाश, अनंत प्रकाश चारों ओर घेरे हुए है...प्रकाश में डूब गए...बहें, छोड़ दें अपने को, जरा भी बचाएं नहीं, छोड़ दें और बह जाएं...प्रकाश की नाव ही उस किनारे ले जा सकती है...छोड़ दें, जरा भी भय न करें, मैं साथ हूं...छोड़ दें, बह जाएं, एक हो जाएं प्रकाश के साथ...

प्रकाश में डूब गए, एक हो गए...गहन शांति, तन-प्राण सब शांत हो गए, प्रकाश ही प्रकाश रह गया...डूब गए, डूब गए, डूब गए, डूब गए, प्रकाश के साथ एक हो गए...

प्रकाश की गहनता ही आनंद बन जाती है...प्रकाश के साथ एक हो जाना ही आनंद को अनुभव करना है...अब अनुभव करें, अनुभव करें, आनंद ही आनंद, बाहर-भीतर सब ओर, सब दिशाओं में...रोएं-रोएं में समा जाने दें, श्वास-श्वास में आनंद का भाव...जैसे नदी सागर में गिरे, ऐसे आनंद के सागर में गिर गए...न कोई इच्छा है अब, न कोई दौड़, सब ठहर गया, जैसे समय समाप्त हो गया...भीतर कोई दौड़ नहीं, कोई मांग नहीं...सब चुप, मौन, ठहर गया...पूर्णरूपेण ठहर जाना ही आनंद है...अनुभव करें, अनुभव करें...

भय न करें, मैं साथ हूं...आनंद, आनंद, आनंद, एक ही स्वर रह जाए...आनंद, आनंद, एक ही स्वर भीतर बहने लगे...आनंद, आनंद, एक हो जाएं आनंद के साथ...आनंद की गहनता ही प्रभु की उपस्थिति बन जाती है...एक हो जाएं आनंद के साथ और परमात्मा चारों ओर प्रकट हो जाता है...

मिट गया संसार स्वप्न की भांति...मिट गई देह स्वप्न की भांति...मिट गए आप स्वप्न की भांति...रह गया अमिट, रह गया दिव्य, रह गई परमात्मा की मौजूदगी...

केवल वही मौजूद है, केवल वही मौजूद है...डरें नहीं, खो दें अपने को बिलकुल, मिटा दें...खो दें, मिटा दें, यह मृत्यु ही मुक्ति है...मिटा दें, चारों ओर वही है, आप मिट गए...आप नहीं हैं, वही है...परमात्मा, परमात्मा, परमात्मा, वही मौजूद है...सब खो गया, सब शांत हो गया, सब मौन हो गया, एक उसकी उपस्थिति ही शेष रह गई...

अब पुनः तृतीय नेत्र पर अपनी हथेली को आहिस्ता से रगड़ें...तीसरे नेत्र के स्थान पर दोनों भौंहों के बीच आहिस्ता से रगड़ें...भीतर बहुत कुछ होना शुरू हो जाएगा...एक शांति, एक रूपांतरण...आहिस्ता से रगड़ें, भीतर बहुत कुछ होना शुरू हो जाएगा, साक्षी बने देखते रहें...

अभी रोकें, प्रकट नहीं करना...भीतर कुछ भी हो, रोकें, सिर्फ आहिस्ता से तृतीय नेत्र को रगड़ते रहें...रगड़ें, तीसरे नेत्र को आहिस्ता से रगड़ें...

आनंद, अहोभाव, धन्यभाव भीतर फैल गया, अब उसे दो मिनट प्रकट कर सकते हैं...अपने आनंद को जिस रूप में भी प्रकट करना हो, पूरी तरह हृदयपूर्वक अपने आनंद को दो मिनट के लिए प्रकट कर सकते हैं...

अब दोनों हाथ ज़ोड़ लें और प्रभु को धन्यवाद दे दें...दोनों हाथ जोड़ लें और उसके चरणों में सिर को झुका दें...एक ही भाव मन में रह जाए: प्रभु की अनुकंपा अपार है, प्रभु की अनुकंपा अपार है, प्रभु की अनुकंपा अपार है। आदमी असहाय है अकेले, अकेले कुछ भी न हो पाएगा। उसकी सहायता चाहिए, उसका प्रसाद चाहिए, उसकी अनुकंपा चाहिए...

अब ध्यान से वापस लौट आएं...धीरे-धीरे आंख खोल लें, दो-चार गहरी श्वास ले लें, ध्यान से वापस लौट आएं...

ओशो- एक परिचय

सत्य की व्यक्तिगत खोज से लेकर ज्वलंत सामाजिक व राजनैतिक प्रश्नों पर ओशो की दृष्टि उनको हर श्रेणी से अलग अपनी कोटि आप बना देती है। वे आंतरिक रूपांतरण के विज्ञान में क्रांतिकारी देशना के पर्याय हैं और ध्यान की ऐसी विधियों के प्रस्तोता हैं जो आज के गतिशील जीवन को ध्यान में रख कर बनाई गई हैं।

अनूठे ओशो सक्रिय ध्यान इस तरह बनाए गए हैं कि शरीर और मन में इकट्ठे तनावों का रेचन हो सके, जिससे सहज स्थिरता आए व ध्यान की विचार रहित दशा का अनुभव हो।

ओशो की देशना एक नये मनुष्य के जन्म के लिए है, जिसे उन्होंने 'ज़ोरबा दि बुद्धा' कहा है- जिसके पैर जमीन पर हों, मगर जिसके हाथ सितारों को छू सकें। ओशो के हर आयाम में एक धारा की तरह बहता हुआ वह जीवन-दर्शन है जो पूर्व की समयातीत प्रज्ञा और पश्चिम के विज्ञान और तकनीक की उच्चतम संभावनाओं को समाहित करता है। ओशो के दर्शन को यदि समझा जाए और अपने जीवन में उतारा जाए तो मनुष्य-जाति में एक क्रांति की संभावना है।

ओशो की पुस्तकें लिखी हुई नहीं हैं बल्कि पैंतीस साल से भी अधिक समय तक उनके द्वारा दिए गए तात्कालिक प्रवचनों की रिकार्डिंग से अभिलिखित हैं।

लंदन के 'संडे टाइम्स' ने ओशो को 'बीसवीं सदी के एक हजार निर्माताओं' में से एक बताया है और भारत के 'संडे मिड-डे' ने उन्हें गांधी, नेहरू और बुद्ध के साथ उन दस लोगों में रखा है, जिन्होंने भारत का भाग्य बदल दिया।

ओशो इंटरनेशनल मेडिटेशन रिजॉर्ट

ओशो मेडिटेशन रिजॉर्ट का निर्माण इसलिए किया गया ताकि लोग जीने की नई कला का सीधा अनुभव ले सकें- अधिक होशपूर्वक होकर, हास्य और आराम के साथ। यह भारत के मुंबई शहर से सौ मील दक्षिण पूर्व में पूना के कोरेगांव पार्क में वृक्षों से परिपूर्ण चालीस एकड़ आवासीय क्षेत्र में स्थित है। रिजॉर्ट सौ से अधिक देशों से हर साल आने वाले हजारों लोगों के लिए अलग-अलग तरह के कार्यक्रम प्रस्तुत करता है। नवनिर्मित ओशो गेस्ट हाउस परिसर में लोगों के लिए आवास की सुविधा उपलब्ध है।

मेडिटेशन रिजॉर्ट में मल्टीवर्सिटी कार्यक्रम प्रसिद्ध झेन उद्यान, ओशो तीर्थ से सटे पिरामिड परिसर में संचालित होते हैं। ये कार्यक्रम व्यक्तिगत रूपांतरण के लिए व लोगों को जीने की एक नई कला सिखाने के उद्देश्य से तैयार किए गए हैं- एक जाग्रत अवस्था जिसे वे दैनिक जीवन में उतार सकते हैं। आत्म-खोज सत्र, सैशन, कोर्स और अन्य ध्यान प्रक्रियाएं पूरे साल चलती हैं। शरीर को स्वस्थ रखने के लिए एक खूबसूरत व्यवस्था का प्रावधान है जिसमें झेन प्रक्रिया के साथ खेल और मनोरंजन का अनुभव लिया जा सकता है।

मुख्य ध्यान सभागार में सुबह छह बजे से रात ग्यारह बजे तक प्रतिदिन सक्रिय व अक्रिय ध्यान विधियां होती हैं, जिसमें रोज संध्या-सभा ध्यान भी शामिल है। रात को रिजॉर्ट का बहुसांस्कृतिक जीवन खिल उठता है- मित्रों के संग खुले आकाश के नीचे भोजन-स्थल और अक्सर संगीत व नृत्य के साथ। रिजॉर्ट की साफ व शुद्ध पीने के पानी की अपनी व्यवस्था है और यहां परोसे गए भोजन में रिजॉर्ट के अपने फार्म हाउस में उगाई गई सब्जियों का प्रयोग होता है।

मेडिटेशन रिजॉर्ट का ऑन लाइन टूर, साथ ही यात्रा और कार्यक्रमों की जानकारी www.osho.com से प्राप्त की जा सकती है। यह अलग-अलग भाषाओं में विस्तार में दी गई वेबसाइट है, जिसमें हैं- ऑन लाइन ओशो टाइम्स पत्रिका, ऑडियो व वीडियो वेबकास्टिंग, ऑडियों बुक क्लब, ओशो प्रवचनों के संपूर्ण अंग्रेजी व हिंदी अभिलेख और ओशो के वीडियो, ऑडियो व पुस्तकों की संपूर्ण सूची। साथ ही हैं ओशो द्वारा विकसित किए गए सक्रिय ध्यानों की जानकारी जो ज्यादातर वीडियो प्रदर्शन के साथ है।

मेडिटेशन रिजॉर्ट में सहभागी होने व अधिक विस्तृत जानकारी के लिए संपर्क करें:

ओशो इंटरनेशनल मेडिटेशन रिजॉर्ट

17 कोरेगांव पार्क, पुणे -411001, महाराष्ट्र

फोन: 020-66019999 फैक्स: 020-66019990

e-mail-resortnfo@osho.net

website- www.osho.com

ओशो का हिन्दी साहित्य

उपनिषद
सर्वसार उपनिषद
कैवल्य उपनिषद
अध्यात्म उपनिषद
कठोपनिषद
ईशावास्य उपनिषद
निर्वाण उपनिषद
आत्म-पूजा उपनिषद
केनोपनिषद
मेरा स्वर्णिम भारत (विविध उपनिषद-सूत्र)

कृष्ण
गीता-दर्शन (आठ भागों में अठारह अध्याय)
कृष्ण-स्मृति

महावीर
महावीर-वाणी (दो भागों में)
जिन-सूत्र (दो भागों में)
महावीर या महाविनाश
महावीरः मेरी दृष्टि में
ज्यों की त्यों धरि दीन्हीं चदरिया

बुद्ध
एस धम्मो सनंतनो (बारह भागों में)

अष्टावक्र
अष्टावक्र महागीता (छह भागों में)
हंसा तो मोती चुगें (लाल)
गुरु-परताप साध की संगति (भीखा)
मन ही पूजा मन ही धूप (रैदास)
झरत दसहुं दिस मोती (गुलाल)
नाम सुमिर मन बावरे (जगजीवन)
अरी, मैं तो नाम के रंग छकी (जगजीवन)
कानों सुनी सो झूठ सब (दरिया)
अमी झरत बिगसत कंवल (दरिया)

लाओत्से
ताओ उपनिषद (छह भागों में)

कबीर
सुनो भई साधो
कहै कबीर दीवाना
कहै कबीर मैं पूरा पाया
न कानों सुना न आंखों देखा (कबीर व फरीद)

अन्य रहस्यदर्शी
अथातो भक्ति जिज्ञासा (शांडिल्य)
भक्ति-सूत्र (नारद)
शिव-सूत्र (शिव)
भजगोविन्दम् मूढ़मते (आदिशंकराचार्य)
एक ओंकार सतनाम (नानक)
जगत तरैया भोर की (दयाबाई)
बिन घन परत फुहार (सहजोबाई)
पद घुंघरू बांध (मीरा)
नहीं सांझ नहीं भोर (चरणदास)
संतो, मगन भया मन मेरा (रज्जब)
कहै वाजिद पुकार (वाजिद)
मरौ हे जोगी मरौ (गोरख)
सहज-योग (सरहपा-तिलोपा)
सहज-योग (सरहपा-तिलोपा)
बिरहिनी मंदिर दियना बार (यारी)
प्रेम-रंग-रस ओढ़ चदरिया (दूलन)
दरिया कहै सब्द निरबाना
(दरियादास बिहारवाले)
ज्यूं मछली बिन नीर
दीपक बारा नाम का
अनहद में बिसराम
लगन महूरत झूठ सब
सहज आसिकी नाहिं
पीवत रामरस लगी खुमारी
रामनाम जान्यो नहीं
सांच सांच सो सांच

हरि बोलौ हरि बोल (सुंदरदास)
ज्योति से ज्योति जले (सुंदरदास)
जस पनिहार धरे सिर गागर (धरमदास)
का सोवै दिन रैन (धरमदास)
सबै सयाने एक मत (दादू)
पिव पिव लगी प्यास (दादू)
अजहूं चेत गंवार (पलटू)
सपना यह संसार (पलटू)
काहे होत अधीर (पलटू)
कन थोरे कांकर घने (मलूकदास)
रामदुवारे जो मरे (मलूकदास)
जरथुस्त्रः नाचता-गाता मसीहा (जरथुस्त्र)

प्रश्नोत्तर

नहिं राम बिन ठांव
प्रेम-पंथ ऐसो कठिन
उत्सव आमार जाति, आनंद आमार गोत्र
मृत्योर्मा अमृतं गमय
प्रीतम छवि नैनन बसी
रहिमन धागा प्रेम का
उड़ियो पंख पसार
सुमिरन मेरा हरि करैं
पिय को खोजन मैं चली
साहेब मिल साहेब भये
जो बोलैं तो हरिकथा
बहुरि न ऐसा दांव
ज्यूं था त्यूं ठहराया

विचार-पत्र

क्रांति-बीज
पथ के प्रदीप

पत्र-संकलन

अंतर्वीणा
प्रेम की झील में अनुग्रह के फूल
ढाई आखर प्रेम का
पद घुंघरू बांध
प्रेम के फूल
प्रेम के स्वर
पाथेय

आपुई गई हिराय
बहुतेरे हैं घाट
कोंपलें फिर फूट आईं
फिर पत्तों की पांजेब बजी
फिर अमरित की बूंद पड़ी
क्या सोवै तू बावरी
चला हंसा उस देस
कहा कहूं उस देस की
पंथ प्रेम को अटपटो
माटी कहै कुम्हार सूं
मैं धार्मिकता सिखाता हूं, धर्म नहीं

तंत्र

संभोग से समाधि की ओर
तंत्र-सूत्र (पांच भागों में)

योग

पतंजलिः योग-सूत्र (पांच भागों में)
योगः नये आयाम

झेन, सूफी और उपनिषद की कहानियां

बिन बाती बिन तेल
सहज समाधि भली
दीया तले अंधेरा

बोध-कथा

मिट्टी के दीये
हसिबा, खेलिबा, धरिबा ध्यानम्
समाधि कमल
साक्षी की साधना
धर्म साधना के सूत्र
मैं कौन हूं
समाधि के द्वार पर
अपने माहिं टटोल
ध्यान दर्शन
तृषा गई एक बूंद से
ध्यान के कमल
जीवन संगीत
जो घर बारे आपना
प्रेम दर्शन

अंतरंग वार्ताएं

संबोधि के क्षण
प्रेम नदी के तीरा
सहज मिले अविनाशी
उपासना के क्षण

साधना-शिविर

साधना-पथ
मैं मृत्यु सिखाता हूं
जिन खोजा तिन पाइयां
समाधि के सप्त द्वार (ब्लावट्स्की)
साधना-सूत्र (मेबिल कॉलिन्स)
ध्यान-सूत्र
जीवन ही है प्रभु
असंभव क्रांति
राम-राम रस पीजिए

ध्यान, साधना

ध्यान विज्ञान
ध्यानयोग: प्रथम और अंतिम मुक्ति
नेति-नेति
चेति सकै तो चेति
प्रभु मंदिर के द्वार पर
तमसो मा ज्योतिर्गमय
प्रेम है द्वार प्रभु का
अंतर की खोज
अमृत की दिशा
अमृत वर्षा
अमृत द्वार
चित चकमक लागे नाहिं
एक नया द्वार
प्रेम गंगा
समुंद समाना बुंद में
सत्य की प्यास
शून्य समाधि

राष्ट्रीय और सामाजिक समस्याएं

देख कबीरा रोया
स्वर्ण पाखी था जो कभी और
अब है भिखारी जगत् का
शिक्षा में क्रांति
नये समाज की खोज
नये भारत की खोज
नये भारत का जन्म
नारी और क्रांति
शिक्षा और धर्म
भारत का भविष्य

विविध

अमृत-कण
मैं कहता आंखन देखी
एक एक कदम
जीवन क्रांति के सूत्र
जीवन रहस्य
करुणा और क्रांति
विज्ञान, धर्म और कला
शून्य के पार
व्यस्त जीवन में ईश्वर की खोज
अज्ञात की ओर
धर्म और आनंद
जीवन-दर्शन
जीवन की खोज
क्या ईश्वर मर गया है
नानक दुखिया सब संसार
नये मनुष्य का धर्म
धर्म की यात्रा
स्वयं की सत्ता
सुख और शांति
अनंत की पुकार

ओशो के ऑडियो-वीडियो प्रवचन एवं साहित्य के संबंध में
समस्त जानकारी हेतु संपर्क सूत्र:
साधना फाउंडेशन, 17 कोरेगांव पार्क, पुणे -411001
फोन: 020-66019999 फैक्स: 020-66019990
e-mail-distrib@osho.net
Website- http://www.osho.com